Aus Liebe zu Ameisen

For the love of ants

Magdalena Sorger

Ameisen

Magdalena Sorger

Ameisen

Die geheimen Herrscherinnen der Welt

Brandstätter

Inhalt

Kapitel 1

Atta cephalotes

Ein Leben für die Ameisen

Eciton burchellii

Lasius emarginatus

Formica subintegra

Odontomachus monticola

Pogonomyrmex badius

Ich gestehe Ihnen etwas: Ich kann nicht behaupten, dass ich von klein auf an Insekten und speziell Ameisen besonders interessiert gewesen wäre. Tatsächlich wurde ich in einem Interview einmal gefragt, was meine früheste Erinnerung an Ameisen ist, und dabei musste ich an meine Großmutter denken. Sie war kein Fan von Ameisen. Zumindest nicht, wenn sie ihr auf ihrem Balkon begegneten oder es wagten, die Türschwelle zu übertreten. Sobald sie auch nur eine einzelne Ameise sichtete, mobilisierte meine Oma ein ganzes Arsenal an Bekämpfungsstrategien.

Vermutlich geht es vielen Menschen so wie mir – mir war die Existenz der Ameisen durchaus bewusst, allerdings hatte ich sie als unliebsame Gäste abgespeichert. Beruflich führte mich mein Weg zunächst weit weg von allen Tieren dieser Welt: Praktisch veranlagt und karriereorientiert absolvierte ich eine Schule im Bereich Tourismus und Wirtschaft und studierte an der Wirtschaftsuniversität Wien Internationale Betriebswirtschaftslehre, mit dem Ziel, einen möglichst gut bezahlten Job im Bereich Management Consulting zu ergattern. Aber war es meine wirkliche Leidenschaft?

Leidenschaft, so denke ich, ist der wahre Katalysator auf Erden. Und wie sich herausstellen sollte, waren die Ameisen *mein* Katalysator. Warum gerade Ameisen, fragen Sie sich? Ameisen sind, auch wenn uns das oft nicht bewusst ist, fast allgegenwärtig. Es gibt nur wenige klimatische Verhältnisse auf der Erde, unter denen Ameisen nicht vorkommen. Sie sind unheimlich vielfältig, sowohl in ihrem Aussehen als auch in ihrer Lebensweise, und sie sind ein wichtiger Teil des ökologischen Gleichgewichts. Aber all das ist nicht der Grund, warum ich sie zu meinem Forschungsgegenstand und Lebensmittelpunkt gemacht habe. Völlig unverhofft begegneten sie mir in den letzten Zügen meines Wirtschaftsstudiums und prägten meine Zukunft maßgeblich.

2007 verbrachte ich ein Semester an der University of Illinois at Urbana-Champaign. Da das amerikanische Universitätssystem seinen Studierenden teilweise mehr Freiraum bietet als das europäische, registrierte ich mich neben meinen verpflichtenden Wirtschaftskursen auch für einen Biologiekurs mit dem Titel „Animal Behavior" – Verhaltensbiologie der Tiere.

Etwa 100 Teilnehmende lauschten Dr. Andrew Suarez und seinem Assistenten Dr. Chris Smith in einem Hörsaal. Mittendrin ich, eine Wirtschaftsstudentin aus Österreich. Als uns Dr. Suarez ein Video aus seinem eigenen Forschungsgebiet vorspielte, war es um mich geschehen: Sein kurzer Film zeigte uns die Aufnahme einer Schnappkieferameise, die sich durch das Schließen ihrer Beißwerkzeuge, sogenannte *Mandibeln*, vom Boden abgestoßen hatte und rückwärts, mehrere Salti schlagend, durch die Luft flog, bis sie – nicht gerade elegant – wieder auf dem Boden landete. Das Spektakel in Zeitlupe dauerte gerade einmal 30 Sekunden, aber wir starrten, staunten und lachten und hatten keine Ahnung, warum eine Ameise so ein Verhalten zeigte.

Ein Vorteil des amerikanischen Unisystems – besonders für jemanden wie mich, die ich gerade erst ein neues Feld entdeckte – ist, dass es zwischen Lehrenden und Studierenden einen regen Austausch gibt. So war es fast selbstverständlich, dass ich wegen meines sprießenden Interesses an Ameisen um eine Labortour bat und diese auch bekam. Dabei zeigte mir Andy die verschiedenen Ameisenarten, die im Labor für Verhaltensexperimente gehalten wurden, und Chris erzählte mir enthusiastisch von seiner Forschung zur Kastenbestimmung von Ernteameisen (Gattung *Pogonomyrmex*). Es gibt grundsätzlich drei unterschiedliche *morphologische Kasten* in einer Ameisenkolonie: die Arbeiterin, die Königin und das Männchen. Ich bekam einen kleinen Einblick in die Welt der Ameisenforschung an der Universität, und ich war fasziniert. Insgeheim malte ich mir schon ein abenteuerliches Leben in der naturwissenschaftlichen Forschung aus.

Ein neuer Weg

So verließ ich Illinois mit einer neu gefundenen Neugier auf Insekten und machte mich mit Freunden auf, um die USA noch ein wenig zu erkunden. Die Reise führte uns in unterschiedliche Klimaregionen, u.a. in die Nationalparks im Westen, nach Hawaii und in die Rocky Mountains im Landesinneren. Bewaffnet mit meiner kleinen digitalen Point-and-Shoot-Kamera war ich ständig auf der Suche nach interessant aussehenden Tierchen. Meine Freunde witzelten, dass sie mich meist mit dem Gesäß nach oben und den Augen nach unten gerichtet sahen, beim Versuch, die kleinen Lebewesen durch die Makrofunktion meiner Kamera zu erwischen.

Und irgendwann machte es endgültig Klick. Ich sah einer Ameise zu, wie sie eine erbeutete Spinne Richtung Nest schleppte. Die tote Spinne war um ein Vielfaches größer als die Ameise, die immer wieder kurz vor dem Aufgeben zu sein schien und das Tier losließ, weil die Arbeit zu schwer war. Doch immer wieder kehrte die Ameise zurück und zerrte die Beute verbissen weiter, denn schließlich hing von ihrem Erfolg das Überleben ihrer Kolonie ab. Plötzlich verspürte ich ein tiefes Glücksgefühl, eine tiefe Zuneigung. Und ich wusste, dass es diese Tiere waren, denen ich meine ganze Aufmerksamkeit schenken wollte. Es war ein bisschen wie der Moment, in dem man sich in jemanden verliebt. Ich verstand es nicht, denn logisch waren diese Gefühle nicht. Aber tief in mir wusste ich, dass das mein Weg sein würde.

Ich kehrte mit einem klaren Ziel nach Wien zurück: Ich wollte alles über Ameisen erfahren und lernen, was es über sie zu erfahren und zu lernen gab – obwohl ich Wirtschaftsstudentin war und meine Diplomarbeit noch fertigstellen musste. Ich machte mich auf die Suche nach Ameisenexpert*innen in Österreich. Und tatsächlich gab es mit Dr. Birgit Schlick-Steiner und Dr. Florian Steiner ein Wiener Myrmekologen-Paar – *Myrmekologie* ist das Fachwort für Ameisenkunde. Da sie sich gerade nicht in Österreich befanden, verwiesen sie mich an das Naturhistorische Museum in Wien, und zwar an Dr. Herbert Zettel, der sich dort neben seiner Tätigkeit

Oben: Die kleine Acryl-Box ist Teil einer Gel-Ameisenfarm und perfekt, um Ameisen zur genaueren Beobachtung einzufangen.

Unten: Insektenladen im Naturhistorischen Museum Wien, das mit mehr als zehn Millionen Präparaten eine der größten Insektensammlungen der Welt besitzt.

als Kurator der Hemipteren-Sammlung, dazu zählen u.a. Wanzen und Zikaden, auch intensiv mit Ameisen beschäftigte, und an Dr. Dominique Zimmermann, die soeben Kuratorin der Hymenopteren-Sammlung, dazu gehören neben Bienen und Wespen auch die Ameisen, geworden war. Nach einem kurzen Mailverkehr vereinbarten wir einen Kennenlerntermin im Museum.

Für die meisten meiner Freunde erschien meine plötzliche Vernarrtheit in Ameisen zwar etwas sonderbar, aber sie unterstützten mich, und so war eines meiner ersten „Ameisen-Geschenke" eine kleine Gel-Ameisenfarm. Das Set bestand aus einer ca. 20 x 15 cm großen und einer ca. 2 x 5 cm kleinen transparenten Acryl-Box, gefüllt mit einem nahrhaften Gel, in das die Ameisen Gänge bauen konnten. Die kleine Box war dazu gedacht, Ameisen einzufangen, um sie danach in die große Box zu transferieren. Inzwischen wusste ich, dass ich für mein kleines Gel-Formicarium eine Königin benötigte, die darin eine Kolonie aufbauen sollte. Wo ich so eine Ameisenkönigin herbekommen sollte, war mir zwar nicht klar, aber zumindest wusste ich, wonach ich suchte.

Gefunden habe ich meine Königin in der Wiener Innenstadt! An einem warmen Sommertag spazierte ich die Kärntner Straße entlang, als ich plötzlich einen Schrei losließ. Eine Königin! Mitten in der Fußgängerzone! Es war eine kleine Wegameisen-Königin, die da über die Pflastersteine wackelte. Nun hieß es, schnell und kreativ sein, denn meine kleine praktische Gel-Box hatte ich nicht dabei. Sofort sank ich auf alle Viere und krabbelte der Ameisenkönigin nach, um sie zu fassen. Ich bugsierte sie sanft in das Etui meiner Sonnenbrille, um sie darin aufzubewahren. Ich eilte nach Hause und setzte meine Königin überglücklich in das Gel-Formicarium. Und wartete. Tatsächlich legte sie nach einigen Tagen Eier, und ein paar Wochen später schlüpften daraus zwei Arbeiterinnen.

Willkommen im Museum

Als der Tag meines Termins im Naturhistorischen Museum endlich gekommen war, schnappte ich mir eine der zwei jungen Arbeiterinnen und transferierte sie in die kleine Gel-Box, in der Hoffnung, dass ich im Museum Zugang zu einem Mikroskop haben würde, um die kleine Ameise in Ruhe und ganz aus der Nähe beobachten zu können.

Dr. Zettel nahm mich in Empfang, und ich folgte ihm atemlos durch die Sammlungsräume. Wow. Jeder Raum war voller hoher Regale, bis an die Decke gefüllt mit hunderten von Laden voller getrockneter Insektenpräparate: Käfer, Fliegen, Wanzen, Heuschrecken, Bienen und viele andere Insektengruppen, von denen ich noch nie gehört hatte. Aus allen Teilen der Welt. Es lag ein besonderer Geruch in der Luft, ein alter Geruch, der mir sagte, dass hier Wertvolles gelagert war. Tatsächlich verfügt das Naturhistorische Museum in Wien über eine der bedeutendsten Insektensammlungen weltweit.

Dr. Zettels Büro war übersät mit Büchern, Ausdrucken, Fachpublikationen und Fotos, darauf wiederum lagen kleine Schächtelchen mit genadelten Insekten. Alles gehörte zu den zahlreichen Projekten, an denen der Kurator und *Taxonom* – jemand, der sich mit der Beschreibung neuer Tierarten beschäftigt – arbeitete. Wir unterhielten uns über seine Forschungsprojekte und ich erzählte ihm von meiner kleinen Wegameisen-Arbeiterin, die ich unbedingt beobachten wollte. Nach unserem Gespräch eskortierte er mich in die Ameisensammlung, und ich lernte Dr. Zimmermann, die Kuratorin der Bienen-, Wespen- und Ameisensammlung am Naturhistorischen Museum, kennen. In ihrem Büro gab es einen freien Arbeitsplatz mit einem Mikroskop für Gäste der Sammlung. Diesen Platz durfte ich mit meiner Ameise einnehmen.

Zwei Stunden saß ich wohl so da und betrachtete meine Ameise, die ich erstmals so detailliert in Augenschein nehmen konnte. Sie hatte ja überall Haare! Gebannt sah ich ihr zu: Wie bewegt sie sich? Was tut sie als nächstes? Sie putzt sich! Ich beobachtete sie dabei, wie sie ihren Fühler ganz vorsichtig durch den Putzkamm an der Unterseite ihres Vorderbeinchens zog. So konnte sie alle Schmutzpartikel, die sich nach der holprigen Reise in meiner Tasche an ihrem wichtigsten Sinnesorgan festgeklebt hatten, effizient entfernen. Sie schien etwas durcheinander und ich hatte das Gefühl, ihr beim Denken zusehen zu können: Wo bin ich? Was passiert mit mir? Was soll ich hier machen? All das schien mir völlig nachvollziehbar, denn ohne ihre Königin und ihre Kolonie fehlte ihr die Aufgabe. Das Gefühl, mich mit diesem kleinen Tier auf Augenhöhe zu befinden, löste in mir einen immensen Respekt aus. Ich fühlte mich nicht besser oder wichtiger als sie. Nur etwas größer.

Die Besuche am Museum wurden rasch zu einem fixen Bestandteil meines Alltags, während ich meine Diplomarbeit an der Wirtschaftsuni schrieb. Herbert brachte mir bei, wie man Ameisen im Freiland sammelt, wie man sie präpariert, wie man eine Ameisensammlung aufbaut und wie man Arten bestimmt, und so fügte ich mich nach und nach in die Forschungsgemeinschaft am Naturhistorischen Museum ein.

Als mein Studienabschluss in greifbare Nähe rückte, wurde mir bewusst, dass eine Entscheidung bezüglich meiner beruflichen Zukunft bevorstand. Viele am Museum rieten mir dazu, mir einen „Hauptberuf" meiner Ausbildung entsprechend zu suchen und die Ameisen als Hobby zu betreiben. Ich fühlte mich hin- und hergerissen. Ich wusste nicht, ob ein abenteuerliches Leben als Forscherin in tropischen Regenwäldern auf der Suche nach neuen Arten – ja, ich hatte eine Mischung aus Lara Croft und Indiana Jones im Kopf – wirklich etwas für mich war. Ich beschloss, einen Monat Auszeit zu nehmen, bevor ich einen Job bei einer Wiener Consulting-Firma antreten würde, und meldete mich für eine Exkursion des ethnobotanischen Instituts der Universität Wien nach Guatemala an. Ich wollte herausfinden, ob der Ameisenweg nicht doch mein Weg war.

Entscheidung in Guatemala

Die Exkursion nach Guatemala hatte ihre Basis in der Nähe von San José in der Region Petén, die Forschungsstation „Playa Diana" lag direkt am Petén See. Auf dem Gelände befanden sich Unterkünfte, bestehend aus offenen Bungalows mit jeweils zwei Hängematten und kleineren Bungalows mit WC und Dusche. Es war alles ziemlich rustikal. Beim Ausstieg aus der Hängematte galt es, die Schuhe vor dem Anziehen auf Skorpione zu kontrollieren. Ich verbrachte die Tage mit der Gruppe auf verschiedenen Ausflügen in der Region

Oben: Reisegrupp
mit Mulis bei eine
Rast auf dem Weg
in die Maya-Metro
pole El Mirador.

Unten: Ausstattun
im Dschungel: Ein
Exhaustor um den
Hals, um Ameisen
unterwegs ein-
zusammeln, eine
handliche Bauch-
tasche mit Gefäße
und weiteren Sam-
melutensilien, eine
kleine Machete für
alle Fälle.

und meine Abende mit Don René, dem „Platzwart", der mir sein Wissen über die Ameisen am Gelände vermittelte. Wir kämpften uns, meist mit einer Machete bewaffnet, durch das Dickicht des Areals, auf der Suche nach Ameisennestern. Es war großartig.

Doch so weit brauchte ich gar nicht zu gehen: Durch das Badezimmer der Forschungsstation führte der Weg einer großen Ameisenkolonie. Es waren Blattschneiderameisen, die emsig auf dem Rückweg zu ihrem Nest waren. Jede trug, ihrem Namen alle Ehre machend, ein fein zugeschnittenes Blattstück. Blattschneiderameisen waren überall zahlreich anzutreffen, und als wir einmal ein besonders großes Nest fanden, erzählte Don René mir, dass die geflügelten Jungköniginnen zur Schwarmzeit eine Delikatesse für die Einheimischen darstellen. Er zeigte mir, dass schon bei einer leichten Störung des Nests, zum Beispiel durch Klopfen, die ca. zwei cm großen Soldatinnen ausrückten, die ich sammeln wollte. Vorsicht war geboten: Blattschneiderameisen haben messerscharfe Mandibeln (Beißwerkzeuge). Mein Plan war es, sie so zu fassen, dass sie mich nicht beißen konnten. Dieses Geschick sollte ich mir aber erst Jahre später aneignen – und so dauerte es nicht lange, bis mich eine Soldatin erwischte und ich mit blutendem Finger dastand. Überglücklich. Denn ich konnte es nicht fassen, dass eine im Verhältnis zu uns Menschen so kleine Ameise mir so eine Wunde zufügen konnte. Ich war beeindruckt, und meine Faszination überlagerte den Schmerz bei weitem. Don René zeigte mir zwar noch einige andere spannende Ameisenarten, aber die Artenvielfalt in dem Gebiet war begrenzt, da es sich um Sekundärwald, also „nachgepflanzten" Wald, handelte. Sofort fragte ich mich, was es wohl in einem Primärwald, also einem Urwald, für mich alles zu entdecken gäbe.

Ich wusste von der halb ausgegrabenen Maya-Stadt „El Mirador", die sich mitten im Dschungel und unweit unserer Basisstation „Playa Diana" befand – meine Vorstellungen von einer Lara-Croft- und Indiana-Jones-artigen Entdeckungsreise regten sich erneut. Allerdings warnte man mich vor dem beschwerlichen zweitägigen Fußweg dorthin. Dafür war ich nicht ausgerüstet, und so ließ ich diese Idee ruhen – bis ein deutscher Reisender in der Forschungsstation auftauchte, der für Buchrecherchen in der Region eigentlich nur ein Ziel hatte: El Mirador. Was für ein Zufall! Sofort sagte ich ihm, dass ich mitkommen möchte. Und so organisierte er die Reise und einige Tage später brachen wir auf.

Unsere Gruppe bestand aus fünf Reisenden sowie einem Führer, seinem Helfer und zwei Maultieren, die den Wasservorrat und Proviant für die nächsten fünf Tage trugen. Mein Ziel war klar: Ameisen sammeln! Aber nachdem die Reise nicht für diesen Zweck ausgelegt war, musste ich der Gruppe möglichst schnell vorangehen, bis ich auf etwas Spannendes stieß – und dann so schnell wie möglich fotografieren, dokumentieren und sammeln, bis die Truppe und unsere Packtiere aufschlossen. Mein Blick war immer nach unten gerichtet, und als wir die erste Rast einlegten, passierte es: Ich erspähte eine Schnappkieferameise! Ohne viel nachzudenken, hechtete ich ihr nach und versuchte sie zu packen – mit Erfolg! Ich war völlig aus dem Häuschen und erklärte meinen Mitreisenden, was dieses kleine Tier, das ich vorsichtig zwischen meinen Fingern hielt, konnte. Der Rückwärtssprung mit den Beißwerkzeugen! Meine Worte überschlugen sich wie die Salti der Ameise. Ich war im siebten Himmel. Meine erste Begegnung mit einer Schnappkieferameise in der Wildnis! Was ich zu diesem Zeitpunkt noch nicht wissen konnte, war, dass diese Ameise meine Karriere stark prägen und ich ihr immer wieder begegnen würde. Mein Glücksgefühl riss nicht mehr ab. Mir machte die Hitze nichts aus, mir machten die Spinnen und anderen kriechenden Tiere im Zelt nichts aus, und die limitierten Hygienemöglichkeiten nahm ich nur zu gern in Kauf. Einige Male hatte ich die Gelegenheit, kurz allein auf dem Pfad zu marschieren, da meine Gruppe zurückgefallen war. Nur ich und der Dschungel und einige Brüllaffen, die sich langsam durch die Bäume bewegten. Und ich wusste, dass ich richtig war. Ich wusste: Das ist das Leben, für das ich bestimmt bin.

Kapitel 2

Diacamma sp.

Erfolgsmodell Ameise

Colobopsis truncata

Cephalotes umbraculatus

Tapinoma melanocephalum

Camponotus vagus

Crematogaster sp.

Stigmatomma pallipes

Sie sind stark. Sie arbeiten hart. Sie sind klein. Und sie sind schnell. Vermutlich sind das Eigenschaften, die Ihnen einfallen, wenn Sie an Ameisen denken.

Der achtfache Motorradweltmeister Marc Marquez hat die Ameise als sein Symbol gewählt. Auch er ist klein und schnell. Und wohl auch smart, denn offensichtlich hat er verstanden, dass es viel von den Tieren zu lernen gibt. Während ich diese Zeilen schreibe, trage ich übrigens eines seiner Fan-T-Shirts. Darauf ist eine riesige Ameise abgebildet – wie könnte ich diesem Design auch widerstehen? Mittlerweile verfolge ich sogar die Motoradweltmeisterschaft und die „Ameise“ in meiner Freizeit mit großem Interesse.

Ameisen bewohnen die Welt seit ca. 150 Millionen Jahren. In dieser Zeit entwickelten sie eine komplexe Lebensweise, die es ihnen ermöglichte, fast alle Lebensräume der Welt zu besiedeln. Menschen hingegen, startend mit *Homo erectus*, existieren erst seit ca. 1,8 Millionen Jahren. In dieser Zeitspanne hat sich viel verändert. Die Evolutionskraft brachte den modernen Menschen *Homo sapiens* vor etwa 300.000 Jahren hervor. Wir leben in Gruppen, sind sesshaft, bauen komplexe Behausungen und weisen eine Form von Intelligenz auf.

Bei Ameisen ist es im Grunde genauso. Nur machen Ameisen das schon etwas länger als wir. Im Zeitalter der Dinosaurier, zu dem Zeitpunkt, als sich der Urkontintent Pangaea aufteilte, erschien die erste Vorfahrin der „modernen“ Ameise auf der Bildfläche.

Der nächste große Evolutionsschritt fand für die Ameisen ca. 50 Millionen Jahre später statt, als die Angiospermen, die blühenden oder bedecktsamigen Pflanzen, sich ausbreiteten und in die vielen Pflanzenarten, die wir heute sehen, entwickelten.

Die Ameisen zogen mit. Das war kein Zufall und zeugt von den vielfältigen Interaktionen zwischen Ameisen und Pflanzen. Lebensräume wurden komplexer und viele neue ökologische Nischen bildeten sich. Und diese Nischen besiedelten die Ameisen und entwickelten sich auf dieser Basis über die nächsten 100 Millionen Jahre weiter. Die Anpassungen, die notwendig waren, mündeten in die rund 15.000 Arten, die wir heute kennen.

Jede einzelne dieser Ameisenarten bewältigt die Herausforderungen des Alltags auf ihre Art und Weise. Bis dato haben wir nur einen Bruchteil ihrer Kultur studiert und entschlüsselt – viele Ameisenarten, von denen wir wissen, dass es sie gibt, sind noch gar nicht dokumentiert. Sie haben also weder einen Namen, noch ist bekannt, wo sie verbreitet sind, geschweige denn, wie sie leben. Die wahre Vielfalt der Ameisen könnte sich auf 20.000 oder 30.000 Arten belaufen!

Um die Tatsache, dass es mindestens *dreimal* so viele unterschiedliche Ameisenarten wie alle 5.500 Säugetierarten zusammen auf der Welt gibt und diese Artenvielfalt so ungefähr alle Ausprägungen hat, die wir uns ausmalen können, wissen vermutlich die wenigsten von uns. Woher auch – wir kennen meistens lediglich unsere heimischen Ameisen. Aber wie ich immer sage: „Die *normale* Ameise gibt es nicht." Deshalb lohnt es sich, die verschiedenen Ameisenarten näher kennenzulernen.

What's your spirit ant?

Im Sommer 2016 startete ich meinen Postdoc, eine wissenschaftliche Assistenzstelle, am North Carolina Museum of Natural Sciences in Raleigh. Ich sollte im Großprojekt „Students Discover" mitwirken. Das Ziel war es, wissenschaftliche Projekte für und mit Schulen zu entwickeln, die selbstständig vom Lehrpersonal umgesetzt werden konnten. Die Projekte sollten qualitativ wertvolle Daten sammeln, die von den Forschenden weiterverarbeitet werden konnten, um Forschungsfragen im großen Stil zu beantworten. Dieser Zugang wird auch als *Citizen Science* bezeichnet: die Einbindung bzw. selbstständige Forschungstätigkeit von Nicht-Wissenschaftler*innen bzw. Amateur*innen in einem wissenschaftlichen Projekt, das üblicherweise von Wissenschaftler*innen betreut wird.

Ich arbeitete drei Wochen lang intensiv mit Lehrerinnen aus der Umgebung zusammen, um ein Citizen-Science-Projekt für den Schulunterricht zu entwickeln. Es war die Geburtsstunde meiner Arbeit als *Science Communicator* oder Wissenschaftsvermittlerin. Denn zum ersten Mal durfte ich mir überlegen, wie ich komplexe wissenschaftliche Konzepte so präsentieren und kommunizieren konnte, dass sie von Nicht-Wissenschaftler*innen nicht nur verstanden, sondern – wie im Falle der Lehrerinnen, mit denen ich gearbeitet hatte – auch im Unterricht an ihre Schüler*innen weitervermittelt werden konnten. Daraus entstanden viele Materialien und Übungen, die ich zwar seither weiterentwickelt habe, aber mit denen ich noch immer in meinen Ameisen- und Insekten-Workshops arbeite. Darunter gibt es eine Übung, die sowohl unter Kindern als auch unter Erwachsenen besonders beliebt ist: „Welche Ameise ist genauso wie ich?"

Sie entstand, als sich das Sommerprogramm mit den Lehrerinnen dem Ende zuneigte. Ich hatte beschlossen, meinem Team eine Art Abschiedsgeschenk zu machen. Alle Teilnehmerinnen bekamen von mir ein digital bearbeitetes Foto, auf dem sie auf einer Ameisenart „reitend" dargestellt waren. Ich wählte jede Art so, dass sie zum Charakter und Wesen der „Reiterin" passte. Unsere leidenschaftliche Drachenfliegerin bekam die Gleitende Ameise. Die blonde Reiselustige bekam die Pharaoameise. Die kreative Handarbeitsbegabte bekam die Blattschneiderameise. Und die flexible Yoga-Lehrerin bekam die Akrobatenameise. Ich selbst wählte die umtriebige Schnappkieferameise.

Als ich meine Geschenke verteilt hatte, bemerkte ich, dass sich jede Teilnehmerin intensiv mit ihrer eigenen Ameise beschäftigte. Bei einem Spaziergang rief mich prompt die Akrobatenameisen-Kollegin zu sich, zeigte auf eine Ameise und meinte: „Ist das ‚meine' Ameise?" Tatsächlich war es eine Akrobatenameise, auf die sie zeigte. Und ich war verblüfft, denn diese Ameise war im Freiland gar nicht so leicht zu erkennen. Doch offensichtlich hatte die Lehrerin sich die Merkmale eingeprägt und wusste, worauf sie achten musste. Schließlich war es ja „ihre" Ameise.

Eindeutig eine Ameise

Aber im Ernst: Woran erkennt man eine Ameise überhaupt? Dies mag wie eine Trickfrage erscheinen, aber es gibt einige Tiere, die Ameisen ähneln, und um eine Ameise sicher zu erkennen, bedarf es einer kleinen Checkliste. Am besten erkennt man eine Ameise an der Kombination dreier Merkmale: *Beine*, *Fühler* und *Petiolus*.

Ameisen gehören, wie auch Bienen, Heuschrecken und Käfer, zu den Insekten und haben daher sechs *Beine*. Insekten bilden eine Gruppe der Gliederfüßer (*Arthropoden*), zu denen auch Krebstiere, Spinnentiere, Asseln, Hundert- und Tausendfüßer zählen.

Sie haben geknickte *Fühler*. Das erste Fühlerglied, auch *Skapus* genannt, ist üblicherweise lang, während die übrigen Fühlerglieder kurze Segmente darstellen. Das verleiht dem Fühler eine markante L-Form, die wir bei allen Ameisenarbeiterinnen und -königinnen in unseren Breiten erkennen können. Bei Ameisenmännchen und einigen Arten, die in anderen Regionen der Welt vorkommen, kann der lange Skapus auch weniger stark ausbildet sein.

Die Fühler sind übrigens das wichtigste Sinnesorgan der Ameise. Da Gerüche das Hauptkommunikationsmittel der Ameisen sind, könnte man sagen, sie sind ihre „Nase". Jeder Fühler ist dicht besetzt mit feinen Härchen, sogenannten *Sensillen*, die mit Neurorezeptoren unter der „Haut" (eigentlich der *Cuticula*) verbunden sind. Die Fühler oder Antennen erlauben eine ganze Reihe von Sinneswahrnehmungen, die neben chemischen auch mechanische und thermische Reize einschließen. Sie können damit also nicht nur sehr viel mehr als wir riechen, sondern auch tasten und fühlen, ob eine Oberfläche warm oder nass ist. Von der Gerandeten Dickknotenameise (*Pachycondyla marginata*) wissen wir sogar, dass sie mit ihren Antennen Magnetfelder wahrnehmen kann. Diese Eigenschaft ist auch von einigen anderen Ameisenarten dokumentiert, darunter von der bei uns vorkommenden Roten Waldameise (*Formica rufa*) und der Großen Wiesenameise (*Formica pratensis*).

Der wohl mysteriöseste Körperteil der Ameise ist der *Petiolus*. Er macht die Ameise zur Ameise. Keine andere Insektengruppe besitzt ihn. Der Petiolus liegt zwischen Brust und Hinterleib. Er kann sehr unterschiedlich ausgeprägt sein: ein dicker Knubbel, ein oder zwei unterschiedlich geformte Knoten, ein aufrechtes Stielchen oder eine flache Platte, die auf den ersten Blick gar nicht sofort erkennbar ist. Die Ausprägung der Petiolusform ist außerdem das wichtigste Merkmal bei der Unterscheidung verschiedener Ameisenunterfamilien, und das Erkennen dieses Merkmals hat durchaus praktischen Nutzen. Die Form kann zum Beispiel Aufschluss darüber geben, ob eine Ameise einen Stachel besitzt oder Ameisensäure versprüht. Ersteres ist üblicherweise schmerzhafter.

Besitzt die Ameise zwei Petiolusknoten, handelt es sich um eine Ameise aus der Unterfamilie der *Knotenameisen* (*Myrmicinae*) und man kann davon ausgehen, dass sich die Ameise bei Gefahr mit ihrem Stachel verteidigen wird. Bei der Arbeit im Garten können Sie dieses Wissen gleich anwenden, denn die zwei Knoten sind üblicherweise auch mit freiem Auge sichtbar.

Erkennen Sie nur einen Petiolusknoten und vermuten daher, dass die Ameise Säure versprühen kann, so können Sie ihre Vermutung mit der Nase testen – ein leicht säuerlicher Geruch dient oft als Bestätigung.

Der Petiolus ist auch bei der Unterscheidung verschiedener Ameisenarten innerhalb einer Unterfamilie wichtig, da sich oft essenzielle Merkmale dort befinden. Zum Beispiel die drei Dornen der Dreidornigen Urameise (*Pseudoponera tridentata*) und die widerhakenförmigen Dornen der Stacheligen Ypsilon-Ameise (*Polyrhachis ypsilon*).

Mysteriös ist der Petiolus, da wir bis heute nicht genau wissen, welchen Zweck der Körperteil erfüllt bzw. ob es dadurch einen besonderen Nutzen oder Vorteil für Ameisen gibt. Obwohl der Petiolus Ameisen zweifelsohne eine extreme Beweglichkeit ermöglicht, scheint es diesbezüglich keinen maßgeblichen Unterschied zu vielen Wespenarten zu geben, die eine ebenso große Flexibilität durch eine in manchen Fällen stark langgezogene, dünne Wespentaille aufweisen.

Woran man eine Ameise erkennt

Stamm: Gliederfüßer (Arthropoda)
Klasse: Insekten (Insecta)

Insektenordnung
HYMENOPTERA

Familie
FORMICIDAE

Geknickte Fühler

Das erste Antennenglied (= Skapus) ist wesentlich länger als die restlichen Glieder.

Sechs Beine

Ameisen haben sechs Beine, so wie alle Insekten!

Zwei Flügelpaare

Nur bei Geschlechtstieren; Männchen & Jungköniginnen haben Flügel.

Schmale Taille mit Petiolus

Mehr Informationen zum Petiolus folgen auf der nächsten Seite.

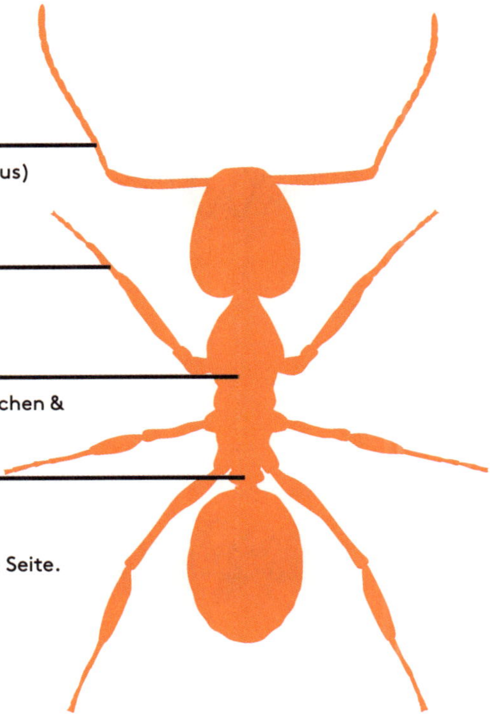

Der Petiolus [Pe|ti|o|lus]

Ein oder zwei Höcker zwischen Brustteil und Hinterleib.
Unterscheidet Ameisen von allen anderen Insekten.

Zwei Petiolusknoten

Ameisen in der Unterfamilie:
Myrmicinae

Ein Petiolusknoten*

Ameisen in der Unterfamilie:
Formicinae, Ponerinae, Dolichoderinae

Petiolus nicht sichtbar**

Ameisen in der Unterfamilie:
Dolichoderinae (Teil), Formicinae (Teil)

* Auch Schuppe oder Stielchen genannt.
** Bei einigen Ameisenarten ist der Petiolus flach und wird vom Hinterleib verdeckt.

Vorsicht, Verwechslungsgefahr!

Apropos Wespentaille: Obwohl sie keinen Petiolus haben, sind Wespen und Bienen den Ameisen äußerlich ähnlich, besonders wenn man eine geflügelte Ameise, also ein Männchen oder eine Jungkönigin, betrachtet. Es gibt tatsächlich eine Verwandtschaft zwischen den Gruppen: Bienen, Wespen und Ameisen bilden gemeinsam die Insektenordnung der Hymenoptera, also der Hautflügler. Das Wort kommt aus dem Altgriechischen: *Hymen* bedeutet „Membran" oder „Haut" und *pteron* heißt „Flügel", ein Hinweis auf die meist dünnen und transparenten Flügelpaare dieser Tiergruppe. Da es in der Biologie immer Ausnahmen, bedingt durch evolutionsbedingte Anpassungen, gibt, kommen – auch in unseren Breiten – *ungeflügelte* Wespen, die sich leicht mit einer Ameise verwechseln lassen, vor, zum Beispiel die Wespenfamilien der Bethylidae und der Mutillidae. Umgekehrt könnte man ein Ameisenmännchen oder eine geflügelte Jungkönigin ebenso leicht mit einer Wespe verwechseln. Allein der Petiolus gibt in so einer Situation Aufschluss, wenn es um die wahre Identität des Tieres geht.

Bienen, Wespen und Ameisen haben eine gemeinsame wespenähnliche Vorfahrin, aus der sich die einzelnen Gruppen entwickelt haben. Vor einigen Jahren hat sich anhand genetischer Studien herausgestellt, dass Ameisen näher mit den Bienen verwandt sind, obwohl man davor annahm, es wären die Wespen. Genaugenommen ist die nächste Verwandtschaft die Superfamilie Apoidea, in welcher sich Bienen und einige allein lebende Wespen befinden.

Ein weiteres Verwechslungspotenzial mit Ameisen bieten die Termiten (Überfamilie Isoptera) – eine Insektengruppe, die bei uns nicht vorkommt. Dass die beiden oft verwechselt werden, ist nicht überraschend, da die Lebensweise der Termiten derer der Ameisen sehr ähnelt. Tatsächlich werden Termiten in einigen Sprachen „weiße Ameisen" genannt, was in Übersetzungen ziemliche Verwirrung stiften kann. Aber bei genauer Betrachtung ist eine Verwechslung eigentlich nicht möglich, Termiten verfügen über keinen Petiolus und ihr einteiliger Körperbau unterscheidet sich maßgeblich von dem der Ameisen.

Körperbau und Organe der Ameise

Der Körper einer Ameise lässt sich grob in drei Teile gliedern: Kopf, Brustbereich und Hinterleib. Die Brust und der Hinterleib haben bei Ameisen einen speziellen Namen. Die Brust wird *Mesosoma* genannt und lässt sich in drei weitere Abschnitte einteilen: Vom Kopf aus gesehen reihen sich das *Pronotum*, dann das *Mesonotum* und Richtung Hinterleib das *Propodeum* aneinander.

Diese Unterscheidung ist bei der Beschreibung von Merkmalen wichtig, besonders, wenn kein Foto zur Hand ist. Zum Beispiel liegen bei der Stacheligen Ameise manchmal Richtung Kopf gestellte Dornen am *Pronotum*, manchmal nach oben gerichtete Dornen am *Mesonotum* oder rücklings gerichtete Dornen am *Propodeum*. Manche Arten tragen sogar an mehreren Brustteilen Dornen oder andere Merkmale, die dabei helfen zu erkennen, mit wem man es zu tun hat. Zwischen Brust und Hinterleib liegt natürlich noch der bereits beschriebene Petiolus, der je nach Unterfamilie, Gattung und Art unterschiedlich geformt ist.

Der Hinterleib der Ameise nennt sich *Gaster* und besteht aus mehreren halbkugelförmigen Schilden an der Oberseite, den sogenannten *Tergiten*, und ebensolchen Schilden an der Unterseite, den *Sterniten*. Diese liegen übereinander zum Schutz der inneren Organe, aber wenn sich der Hinterleib der Ameise – z. B. beim Honigtaumelken – ausdehnt, dann dehnen sich auch diese Platten aus und legen die darunter liegende Membran frei. Das verleiht der Ameise eine „gestreifte" Erscheinung.

Wenn wir uns nun weiter ins Innere des Ameisenhinterleibs begeben, so finden wir dort neben dem Magen auch andere wichtige Organe wie den Darm, die Fortpflanzungsorgane, die Giftdrüse und weitere Drüsen, die in einer Öffnung am hinteren Ende münden. Dazu zählen auch Drüsen zur Spurlegung.

Auch im Brustteil befinden sich Organe, allerdings nicht die, die wir dort auf Basis unserer menschlichen Anatomie gewohnt sind. Herz-Kreislauf-System und Atmung funktionieren bei Ameisen nämlich anders: Ameisen haben kein Blut, stattdessen fließt eine andere Flüssigkeit durch ihren Körper. Die *Hämolymphe*, eine klare, blutähnliche Flüssigkeit, transportiert Nährstoffe, Hormone und Stoffwechselprodukte. Das Herz gleicht einem langen, pulsierenden Schlauch, der in alle Extremitäten reicht. Das bedeutet, das Ameisenherz reicht auch in die Beine und die Fühler!

Am Brustteil setzen außerdem alle drei Beinpaare an. Wenn Sie schon einmal – vielleicht mit Kindern – eine Ameise gezeichnet haben, waren Sie sich wahrscheinlich bezüglich der Platzierung der Ameisenbeine etwas unsicher. Denn in der Erinnerung vieler Kinder (und auch Erwachsener!) setzen Ameisenbeine am Hinterleib an. Das sieht drollig aus, möchte man aber eine anatomisch korrekte Zeichnung anfertigen, so müssen sich die Beine am Brustteil, dem Mesosoma, befinden.

An den Enden ihrer Beinchen besitzen Ameisen kleine Krallen und Hafthärchen, die unterschiedlich ausgeprägt und an die Lebensraumbedingungen der Art angepasst sind. Manche Arten, meist Baumbewohnerinnen, können sich gut auf glatten Oberflächen festhalten, andere gar nicht – das sind meist Erdbewohnerinnen.

Ihr Skelett tragen Ameisen so wie alle Arthropoden außen. Daher besteht der äußere Bereich einer Ameise und der meisten erwachsenen Insekten aus Chitin, einer harten Hülle, welche auch als Cuticula bezeichnet wird. Öffnungen befinden sich darin lediglich als Drüsenausgang und zur Atmung. Ameisen besitzen nämlich keine Lungen. Der Sauerstoff wird durch ein dichtes Tracheennetz, feine Kanäle aus dünnem Chitin, im ganzen Körper verteilt.

Ameisen sind, ebenfalls wie alle Gliederfüßer, kaltblütige oder wechselwarme Lebewesen. Das bedeutet, dass sie mit ihren Körperfunktionen keine Wärme erzeugen und ihre Körpertemperatur von der Umgebung abhängt. An einem kühlen Tag ist damit also ihre Beweglichkeit eingeschränkt. Die Reaktion der Ameisen auf unterschiedliche Außentemperaturen können Sie gut beobachten, wenn Sie einem Ameisenhügel in verschiedenen Jahreszeiten einen Besuch abstatten. Im Winter ziehen sich die Ameisen in die Erde unter dem Ameisenhügel zurück, wo eine konstante Temperatur

Die inneren Organe einer Ameise

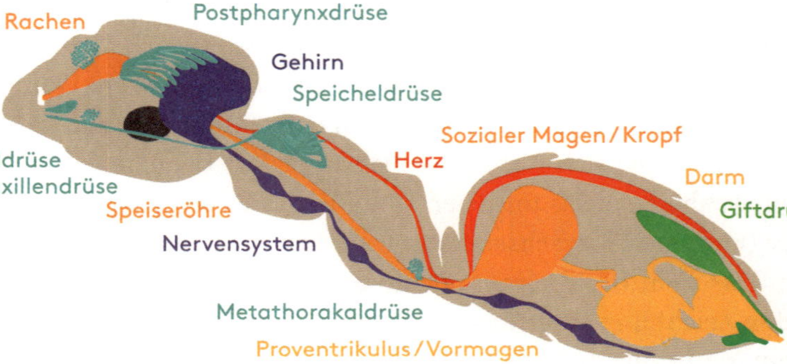

herrscht, in der sie in einer Winterstarre überdauern können. An der Oberfläche werden Sie dann keine Ameisen vorfinden. Scheint an einem späten Wintertag einmal die Sonne, lockt sie womöglich einige wenige Arbeiterinnen an die Oberfläche des Hügels. Sie bewegen sich langsam und schwerfällig, und es ist leicht, eine Ameise mit dem Blick zu verfolgen. Wird es im Frühjahr bereits wärmer, werden Sie wahrscheinlich einen sehr aktiven Ameisenhügel vorfinden. Die Ameisen drängen sich alle für ein Sonnenbad an die Hügeloberfläche. Sie müssen nach der Winterruhe wieder auf Betriebstemperatur kommen. Kehren Sie nun an einem warmen Sommertag an den Ort zurück, wird der Ameisenhaufen wahrscheinlich ein reges Treiben aufweisen, die Arbeiterinnen huschen geschäftig herum, eine einzelne Ameise lässt sich schwer im Auge behalten.

Viele dieser Arbeiterinnen sind auf Nahrungssuche. Schließlich benötigt das Volk viel Energie. Aber was frisst eine Ameise eigentlich? Erwachsene Ameisen ernähren sich in erster Linie von flüssiger Nahrung, dabei nimmt Honigtau, also die Ausscheidung vieler pflanzensaftsaugender Tiere und besonders verschiedener Läuse, mit denen die Ameisen ein enges Verhältnis hegen, eine zentrale Rolle ein. Neben Honigtau wird aber auch Hämolymphe (das „Blut" der Insekten) und Nektar aufgeleckt. Ameisenlarven benötigen üblicherweise proteinhaltige Nahrung und werden daher mit toten Tierteilen von den Arbeiterinnen beliefert oder bekommen flüssige Nahrung aus dem Kropf. Der soziale Magen oder Kropf der Ameisen ermöglicht den Nahrungsaustausch von Ameisenmund zu Ameisenmund. Die sogenannte *Trophallaxis* macht eine effiziente Arbeitsteilung möglich. So können sich zum Beispiel die im Nest stationierten Arbeiterinnen ganz ihren Aufgaben widmen und werden von ihren Schwestern verköstigt.

Der genaue Speiseplan der Ameisen unterscheidet sich von Art zu Art. Die Rote Waldameise ist zum Beispiel eine Allesfresserin, neben Honigtau macht sie Jagd auf Insekten, Spinnentiere und andere Arthropoden und ernährt sich von Kadavern großer und kleiner Tiere. Andere Ameisen haben Vorlieben für zuckerhaltige Nahrung, zum Beispiel die amerikanische Zuckerameise, während die Pharaoameise öl- und proteinhaltige Nahrung bevorzugt. Diese Vorlieben zu kennen ist zum Beispiel für Schädlingsbekämpfer*innen besonders wichtig, vor allem, wenn es sich um invasive Arten handelt. Darüber hinaus gibt es Spezialistinnen, wie zum Beispiel die Ernteameisen, die sich von Samen ernähren und diese auch in Vorratskammern im Inneren des Nests lagern. Manche Arten naschen auch gerne Pollen oder Pilze. Im Grunde gilt, dass Ameisen dieselben Nährstoffe benötigen wie wir: Kohlenhydrate, Proteine, Fette, Mineralstoffe und Wasser.

Sollten Sie Ameisen gezielt ködern wollen, gibt es einige kulinarische Empfehlungen, die bereits von Generationen von Myrmekolog*innen erprobt wurden. Dazu gehören fetthaltige Kekse wie Shortbread Cookies, Thunfisch in Öl oder Erdnussbutter. Damit erwischt man zwar nie jede Ameise in der Umgebung, da nicht alle auf diese Köder ansprechen oder eine spezielle Methode haben, nach Futter zu suchen. Trotzdem werden sich einige Arten davon anlocken lassen. Viel Spaß beim Ausprobieren!

Die Ameisen-Detektivin

„Es gibt blaue Ameisen?!" Ja, die gibt es! Und es war eine blaue Ameise, mit der meine wissenschaftliche Karriere am Naturhistorischen Museum in Wien begann – die erste Ameisenart, die ich beschrieb und benannte.

Die Blaue Stachelige Ameise, *Polyrhachis cyaniventris*, war ausschließlich von den Philippinen bekannt und mit einigen Exemplaren von verschiedenen Standorten der Inseln in der Sammlung des Museums vertreten. Bei genauer Begutachtung der Museumsameisen erkannte ich allerdings Unstimmigkeiten – einige Exemplare sahen anders aus. In mir regte sich die Vermutung, dass unter den blauen Ameisen, die ich vor mir hatte, eine zweite – und zwar neue – Art sein könnte.

Als junges Mädchen wollte ich immer Detektivin werden. Ich hatte mir einen Detektivpass gebastelt und war fasziniert davon, aufregende Beobachtungen zu machen und Geheimnisse zu lüften. Und nun saß ich in der Ameisensammlung des Naturhistorischen Museums und tat genau das. Ich wollte das Rätsel der blauen Ameise lösen – und dafür war taxonomische Arbeit nötig!

Taxonomische Forschung befasst sich mit der Beschreibung und Namensgebung neuer Tierarten, die in die Klassifizierung bekannter Arten eingefügt werden. Bei taxonomischer Arbeit ist der erste Schritt, sich auf die Suche nach Mustern zu begeben. Ein Beispiel wären Unterschiede in äußeren Merkmalen, die etwa einem geografischen Muster entsprechen: Alle Tiere von Insel A haben runde Köpfe, während die Kopfform der Tiere von Insel B deutlich kantiger ausfällt; alle Tiere der Sammelstandorte A, C und E haben eine stärkere Behaarung im Vergleich zu den gesammelten Tieren der Standorte B, D und F. Um solche Muster zu entdecken, benötigt es viel Geduld und detailorientierte Aufmerksamkeit.

Es dauerte tatsächlich nicht lange, bis ich ein Muster im Aussehen der Ameisen fand. Ich konnte die blauen Ameisen in zwei Gruppen teilen. Die Unterschiede waren subtil, aber konstant. Es zeichnete sich ein Schema ab. Im Vergleich zur bereits bekannten Blauen Stacheligen Ameise hatte das Blau der zweiten Gruppe einen kupferfarbenen Schimmer, die Dornen waren größer und überhaupt war der Brustteil anders geformt. Konnte es sich dabei tatsächlich um eine neue Art handeln? Ich präsentierte Herbert Zettel, meinem Lehrer und Mentor, meine Arbeit und er bejahte meine Vermutung. Das war ein aufregender Moment – ich war der Lösung auf der Spur!

Der nächste Schritt war, das Äußere der neuen Art detailliert zu beschreiben. Ich analysierte jeden Körperteil hinsichtlich Färbung, Skulptur, Form und Behaarung. Es war gar nicht so einfach, meine Augen so zu schulen, dass ich auch die minimalsten Unterschiede zwischen den Ameisen erkennen konnte – aber je mehr Individuen ich betrachtete, desto schärfer wurde mein Blick. Als ich meine Beschreibungen weitgehend abgeschlossen hatte, war es endlich so weit: Ich durfte einen Namen für meine Ameise wählen.

Traditionellerweise werden Artnamen nach drei Kriterien vergeben: zu Ehren der Entdeckerin (die Person, die die neue Art vor Ort gesammelt hat – so bin ich übrigens zu einer Ameise gekommen, die nach mir benannt wurde: *Diacamma magdalenae* aus Borneo), nach dem Sammlungsort oder aufgrund besonderer Unterscheidungsmerkmale. Nachdem keine der traditionellen Regeln bei meiner neuen blauen Ameise von den Philippinen passend erschien, war für mich klar, dass ich einen unkonventionellen Namen vergeben wollte. In meinem Kopf hatte sich bereits ein Bild geformt: Im Vergleich zu der bereits bekannten Art wirkte sie kräftiger, robuster und widerstandsfähiger. Eben wie eine Piratin – zumindest in meiner zugegebenermaßen verzerrt romantisch geprägten Vorstellung. Und so nannte ich die neue Art *Polyrhachis pirata*, die Piratenameise.

Ich reichte die Arbeit bei einer international anerkannten Fachzeitschrift ein, wo sie einem gründlichen Peer-Review-Prozess unterzogen wurde, und einige Monate später war es so weit. Die Arbeit war publiziert und ich die Autorin einer neuen Ameisenart! Das Rätsel der blauen Ameise war offiziell gelöst.

Ameisen in allen Farben und Formen

Wenn ich einen Vortrag halte, ziele ich darauf ab, zumindest einmal einen Punkt zu erreichen, an dem ich ein paar offenstehende Münder in meinem Publikum sehe. Das gelingt mir üblicherweise, indem ich ein Foto einer kleinen Auswahl der extremen Ausprägungen der Vielfalt an Farben und Formen der 15.000 bekannten Ameisenarten dieser Erde zeige. Auf diesem Bild befindet sich übrigens auch die von mir beschriebene blaue Ameise. Und eine grüne, und eine grünblau schimmernde, und eine orange-lila-regenbogenfarbene.

Aber nicht nur auf farblicher Ebene punkten die Ameisen mit ihrer Vielfalt. Ihre Kopfformen reichen von schmal über breit zu langgezogen, rund oder dreieckig. Einige Ameisen haben so große Augen, dass sie die gesamte Kopfseite einnehmen, bei anderen hingegen sind es nur winzige Punkte oder es sind gar keine Augen zu erkennen. Jede Ameise weist eine andere Oberflächenstruktur auf: gestreift, gepunktet, mit Furchen oder ganz glatt. Und auch vor dem Hair-Stylisten müssen sich die Ameisen nicht verstecken: Die Behaarung ist bei jeder Art etwas anders und reicht von dichten feinen Härchen bis zu verdickten keulenartigen Strukturen, die kaum als Haare zu identifizieren sind.

Bei einer Gruppe stechen die Haare besonders oft heraus: „Die Schwarze Holzameise ist musikalisch, trinkt gerne Smoothies und trägt ihre Haare stylish. Eine ihrer Cousinen hat sogar einen Irokesenhaarschnitt!“ Wenn ich das erwähne, starrt mich mein Publikum oft ungläubig und teils verstört an. Als hätte ich mir das ausgedacht. Aber es ist alles wahr: Die Schwarze Holzameise (*Camponotus herculeanus*) klopft bei Gefahr mit Kopf und Hinterleib gegen das Holz, in dem sie nistet, trinkt den Pflanzensaft junger Triebe und die Härchen auf ihrem Körper sind optisch ansprechend angeordnet.

Stylische „Frisuren“ ziehen sich als Merkmal durch die Gattung der Holzameisen (*Camponotus*). Viele von ihnen haben zum Beispiel golden oder silbrig glänzende Härchen – wie die Haarige Holzameise, *Camponotus vagus*, eine bei uns häufige heimische Art – oder ganze Haarbüschel an bestimmten Körperstellen. Beim Anblick der

Die meist stark behaarten Ameisen der Gattung *Meranoplus* besitzen ein weiteres Merkmal: Ihr Hinterleib ist herzförmig!

Haarpracht der australischen *Camponotus thadeus* wird selbst ein Punkrocker neidisch. Ein dichter, gelbgold glänzender Haarstreifen ziert Brust und Hinterleib der sonst rabenschwarzen „Punk-Ameise". Also wenn das nicht der Inbegriff eines „coolen Hairstyles" ist ...!

Wenn es um stylische Ameisen geht, dann war das bei weitem noch nicht alles. Die in Teilen Südostasiens vorkommende Verwandte unserer Rasenameisen, *Tetramorium walshi*, setzt auf einen flauschigen Look. Der Effekt kommt daher, dass jedes einzelne Härchen der dicht behaarten Ameise an der Spitze in drei weitere Härchen geteilt ist.

Die Verrückte Longhorn-Ameise (*Paratrechina longicornis*), die weltweit invasiv ist, erkennt man ebenfalls an der speziellen Anordnung ihrer Haarpracht. Die meist dunklen und relativ dicken vereinzelt stehenden Haare zieren ihren ganzen Körper, aber stehen am Brustteil paarweise zueinander gebogen. An diesem Merkmal lassen sich diese Art und die Mitglieder einer nah verwandten Gattung identifizieren.

Obwohl die langen und wild abstehenden Haare mancher Ameisen in der Gattung *Meranoplus* ebenfalls ziemlich auffällig sind, hat sie ein noch hervorstechenderes Merkmal: Ihr Hinterleib ist herzförmig. Mein dezentes Foto des Gesäßes einer roten Meranoplus-Ameise packe ich immer wieder gerne als Gruß zum Valentinstag aus: From *Meranoplus*, with love!

Süße Gleitflieger

Als wir gemeinsam mit dem Students Discover Team an der Entwicklung von Citizen-Science-Projekten für den Schulunterricht arbeiteten, tauschten wir uns oft mit den anderen Arbeitsgruppen aus. Bei einem kleinen Twitter-Show-off mit meiner Kollegin aus der Säugetierforschung forderten wir einander heraus, das für uns „süßeste" Tier zu posten. Für mich, ganz klar, die Gleitende Teddybärameise, *Cephalotes umbraculatus.* Zwei große Kulleraugen blicken einem unter dem teilweise transparenten Kopfschild entgegen. Die drolligen Fühler lugen darunter wie zwei Schlappohren hervor. Die Beißwerkzeuge der wenig aggressiven Ameise sind ebenfalls teilweise vom Kopfschild verdeckt und wirken wie zwei kleine Hasenzähne. Ihr beige-brauner Körper ist übersät mit hellen Pünktchen. Dabei handelt es sich um dicke, kurze Härchen, die ihr einen „gescheckten" Look verleihen. Sie sieht wirklich süß aus!

Meine Kollegin, die Fell tragende Tiere präferiert, gab mir da zwar nicht ganz recht, aber das störte mich kaum. Die Gleitende Teddybärameise sieht nicht nur süß aus, sondern besitzt auch eine besondere Fähigkeit, durch die sie ideal an ihre Lebensbedingungen angepasst ist: Sie bewohnt die Kronen tropischer Bäume. Bei einem Neststandort in so luftiger Höhe besteht immer die Gefahr, herunterzufallen. Der flache Körperbau, den alle Gleitameisen (Gattung *Cephalotes*) gemein haben, kommt also nicht von ungefähr. Dabei sind die Beine besonders wichtig, denn sie erfüllen einen speziellen Zweck: Fällt die Ameise vom Baum, sei es während eines Kampfes oder weil der Wind sie herunterweht, spreizt sie ihre Beine und *gleitet* zum Baumstamm zurück – wie ein Gleitflieger!

Eine besondere Körperform haben auch die Akrobatenameisen (Gattung *Crematogaster*). Als ich meine erste Akrobatenameise genau untersuchte, dachte ich zunächst, der Hinterleib muss wohl falsch herum montiert sein. Der Ansatz des Petiolusknotens befindet sich bei dieser Gattung nämlich relativ weit oben, was den Anschein erweckt, es könnte sich um die Hinterleibsunterseite handeln. Als ich die Ameise jedoch das erste Mal in der Natur antraf, war die anatomische Anomalie sofort geklärt. Akrobatenameisen verfügen über eine extreme Körperflexibilität, die ihnen den Namen verschafft. Sie können ihren Hinterleib rücklings an den Kopf legen, daher werden sie manchmal „Kippleibameisen“ genannt. Der Vorteil des flexiblen Hinterleibs liegt auf der Hand: An dessen Ende befindet sich ihr gefürchteter Stachel, und dank ihrer Beweglichkeit kann die Ameise diesen effektiv für Angriff und Verteidigung einsetzen.

Akrobatenameisen gehören mit ca. 700 beschriebenen Arten (und ungefähr doppelt so vielen unbeschriebenen) zu den artenreichsten Ameisengattungen und sind sehr vielfältig in Körpergröße und Lebensweise. Ihr Hinterleib gleicht übrigens von oben gesehen ebenfalls einem Herz.

Augen und Mandibeln

Neben Färbung, Behaarung und Körperform unterscheiden sich viele Ameisenarten auch an zwei anderen bekannten Körperteilen: den Augen und den Beißwerkzeugen. Die Ausprägung dieser beiden Körperteile kann Aufschluss über die Lebensweise der Ameisen geben.

Am Kopf der Ameise befinden sich neben den Fühlern auch die seitlich liegenden Facettenaugen. Diese Facetten- oder Komplexaugen bestehen aus vielen Einzelaugen oder *Ommatidien*, aus denen sich zusammensetzt, was eine Ameise sieht. Die Größe der Augen und damit die Zahl der Ommatidien unterscheidet sich von Art zu Art und besonders zwischen den unterschiedlichen Kasten Arbeiterin, Königin und Männchen. Überdimensional große Augen finden wir zum Beispiel bei Arten, die tagaktiv sind und beim Beutefang stark auf visuelle Reize setzen. Die größten Ameisenaugen gehören zum Beispiel *Gigantiops destructor*, die ihre Beute im (Vorwärts-) Sprung fängt. Im extremen Gegensatz dazu haben viele Arten keine oder nur sehr rudimentäre Augen. Diese Arten leben oft unterirdisch und vertrauen stark auf olfaktorische Kommunikation. Dazu zählen zum Beispiel die nomadischen Wanderameisen.

Ameisen besitzen darüber hinaus noch einen zweiten Augentyp, die sogenannten Punktaugen oder *Ocelli*. Diese besonders lichtempfindlichen Organe dienen vermutlich als Licht- und Kompassorientierung. Davon liegen drei Stück in einem Dreieck angeordnet an der Stirn der Ameise. Die Punktaugen sind meist nur bei den Geschlechtstieren, also Männchen und Königinnen, ausbildet. Es gibt allerdings Ausnahmen, zum Beispiel sind die Stirn-Ocellen bei der Roten Waldameise auch bei den Arbeiterinnen gut sichtbar.

Wenn es um die Form der Beißwerkzeuge geht, gibt es eine riesige Bandbreite an Erscheinungsformen: Von kurz und gezackt, lang und schlank, gebogen und scharf ist alles vertreten. Die Mandibeln der Ameisen erfüllen den Zweck, den unsere Zähne in Kombination mit unseren Händen erfüllen. Sie beißen damit, um Dinge zu zerkleinern und um sich zu verteidigen. Sie können damit aber auch graben und Dinge tragen.

Die Mandibeln sind jedoch nur ein Teil des Mundapparates, und zwar der „Oberkiefer". Der „Unterkiefer" besteht aus den sogenannten *Maxillen* – Tastwerkzeuge, deren Gestalt und Funktion an Fühler erinnern (*Maxilartaster*). Diese sind mit der „Unterlippe" oder dem *Labium* verwachsen. Das Labium besteht aus einem zweiten Paar Taster (*Labialtaster*), die neben dem Tasten und Schmecken auch eine Kau- und Siebfunktion übernehmen. Ausgewachsene Ameisen können nur flüssige Nahrung zu sich nehmen und verwerten. Sie filtern aus der Nahrung die flüssigen Bestandteile heraus. Die festen Teile verwenden sie für die Larven, die diese verarbeiten können.

Die „Oberlippe" oder das Labrum ist ein Fortsatz des Kopfskeletts und schützt die sensiblen darunterliegenden Mundteile. Eine Zunge haben Ameisen übrigens auch, diese sitzt allerdings in der Mundhöhle und ist von außen nicht sichtbar. Auf ihr befinden sich Speicheldrüsen.

Die Teile des Mundapparates, zum Beispiel die Anzahl der Maxilar- und Labialtastersegmente, können sich zwischen Ameisengattungen unterscheiden, aber keinesfalls so stark wie die Ausprägung der Mandibeln.

Bei Ameisenarten mit kurzen, bezahnten Beißwerkzeugen erfüllen diese die Funktion eines Allround-Werkzeuges. Damit können sie Dinge gut tragen, aber auch gut zubeißen. Die kurzen, sägeblattähnlichen Mandibeln der Blattschneiderameisen (Gattungen *Acromyrmex* und *Atta*) erlauben präzise Schnitte und weisen überdies eine leichte Krümmung auf, die das Tragen der Blätter erleichtert. Die Mandibeln der Sklaventreiberameise (Gattung *Polyergus*) und der Soldatinnen der Eciton-Wanderameisen (Gattung *Eciton*) sind zwar auch zangenförmig, aber völlig glatt. Ihre Hauptfunktion besteht eher im Tragen als im Zerkleinern von Dingen.

Alle Ameisen mit Schnappkieferfunktion, die in verschiedenen Gattungen vorkommen, verfügen über langgezogene Mandibeln. Diese ermöglichen den Schnappmechanismus, der beim Beutefang zum Einsatz kommt. Die Ameisen tragen ihre Mandibeln dazu in geöffneter Stellung seitwärts, wie eine Art aufgezogenen Bogen, der jederzeit bereit ist, mit Wucht zuzuschnappen. Ihre Mandibeln sind teilweise glatt und teilweise mit zusätzlichen Zähnchen versetzt. Sie können diese speziell geformten Beißwerkzeuge allerdings auch ohne den Schnappmechanismus aktiveren und wie eine herkömmliche Zange verwenden.

Der Schnappmechanismus der Schnappkieferameisen (Gattung *Odontomachus*) ist besonders eindrucksvoll. Die Ameisen verwenden ihn neben dem Beutefang für einen Rückwärtssprung als Fluchtmechanismus. Die blitzschnelle Schließbewegung ihrer Mandibeln galt lange Zeit als die schnellste Bewegung im Tierreich. Mit bis zu 230 km/h schließen die lang ausgezogenen Mandibeln von Baurs Schnappkieferameise (*Odontomachus bauri*). Diese Ameise war es, die ich in dem so schicksalhaften Biologiekurs während meines Auslandssemesters in Illinois durch die Luft segelnd betrachtet hatte und die meine Ameisenliebe zum ersten Entflammen gebracht hatte. Als ich 2013 Schnappkieferameisen in Borneo studierte, beobachtete ich, wie eine nah verwandte Schnappkieferameisenart nicht nur Rückwärtssprünge mit ihren Mandibeln, sondern auch Vorwärtssprünge mit ihren Beinen absolvierte. Es

Die Kämpferische Schnappkieferameise (*Odontomachus rixosus*): Die markanten Mandibeln (Beißwerkzeuge), welche alle Schnappkieferameisen in der Gattung *Odontomachus* besitzen, schließen mit bis zu 230 km/h und werden nicht nur zum Beutefang verwendet. Die Ameise katapultiert sich damit durch die Luft und springt rückwärts, um Gefahrensituationen zu entkommen. Zusätzlich springt sie auch mit ihren Beinen vorwärts, ein Verhalten, das erstmals 2013 dokumentiert wurde.

stellte sich heraus, dass ich die Erste war, die dieses Verhalten dokumentierte. Damit haben Schnappkieferameisen also gleich zwei Sprungmethoden entwickelt, wobei der genaue Mechanismus des „neuen", durch die Beine ausgelösten Sprungs noch darauf wartet, genauer untersucht zu werden.

Der Rekord von Baurs Schnappkieferameise wurde übrigens im Jahr 2018 gebrochen – und zwar von einer anderen Ameise. Die Drakulaameise *Mystrium camillae* besitzt ebenfalls lang ausgezogene Mandibeln – diese sind bei ihr allerdings stumpf ausgeprägt. Sie lebt unterirdisch und verwendet die 320 km/h schnelle Bewegung ihrer Beißwerkzeuge, um Beute mit einem Schlag zu betäuben. Ein Verhalten, das auch vom Bunten Fangschreckenkrebs (*Odontodactylus scyllarus*), einem früheren Rekordhalter dieser Kategorie, bekannt ist, der seine Beute mit einem bis zu 82 km/h schnellen Stoß bewegungsunfähig macht.

Kinematische Analysen dieser hyperschnellen Bewegungsabläufe könnten unsere Bauweise von Maschinen und Geräten inspirieren. Ein Forschungsteam aus China analysierte zum Beispiel die Oberflächenstruktur der schlagresistenten Schnappkieferameisen-Mandibeln – diese müssen die extremen Kräfte schließlich aushalten, ohne zu zerschmettern – und fand dabei eine sinusförmig-spiralige Architektur, auf Basis derer ein besonders robustes, riss- und schlagfestes Kohlefaserlaminat hergestellt wurde.

Ein weiteres Forschungsteam entwickelte einen winzigen Roboter, den Milliroboter, der wie sein Ameisen-Vorbild verschiedene Bewegungen ausführen kann. Er kann auf unterschiedliche Weisen springen: vertikal ausgerichtete Sprünge, um Höhen zu erreichen, horizontal ausgerichtete Sprünge, um Entfernungen zu überwinden, und Salto-Sprünge, um Hindernisse zu bewältigen. Der Roboter kann strukturiertes Gelände durchqueren, findet sich aber auch auf flachen Oberflächen gut zurecht. Zusätzlich kann eine Gruppe der Milliroboter untereinander kommunizieren und kooperieren, um Gegenstände zu manipulieren und Blockaden zu überbrücken.

Als ich die Entdeckung der zweiten Schnappkieferameisensprungmethode gerade gemacht hatte, und meine Aufmerksamkeit dem „Springen" galt, machte ich noch einige weitere interessante Beobachtungen, aufgrund derer ich die Vermutung aufstellte, dass Springen unter Ameisen – und auch anderen Insekten, von denen wir es nicht vermuten würden – womöglich gar nicht so selten ist, wie wir dachten. Und daher gibt es wahrscheinlich viele weitere Vorbilder, nach denen praktische Anwendungen entwickelt werden können.

Mein Fazit daraus ist klar: Es gibt noch sehr viel zu entdecken.

Kapitel 3

Strumigenys emmae

Tapinoma sessile

Alltag in der Ameisenkolonie

Pheidole dentata

Pheidole dentata

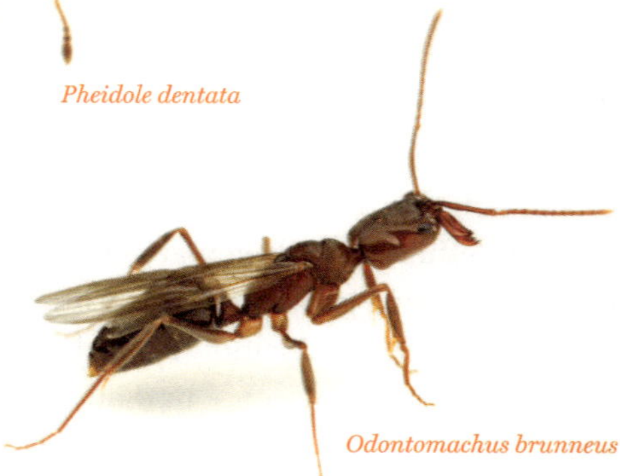

Odontomachus brunneus

Odontomachus relictus

Acromyrmex octospinosus

Die Ameise, die ich an meinem ersten Tag im Naturhistorischen Museum beobachtet hatte, war mit großer Wahrscheinlichkeit eine Schwarze Wegameise (*Lasius niger*). „Wahrscheinlich" deshalb, weil viele Ameisenarten nicht mit bloßem Auge und nur von Expert*innen und teilweise unter großem Aufwand zu bestimmen sind. Gehen wir der Einfachheit halber davon aus, dass es eine Schwarze Wegameise war, die in unseren Breitengraden als „Standardameise" gilt. Obwohl ich solche Bezeichnungen strikt ablehne, da es, wie wir schon gesehen haben, „die normale Ameise" gar nicht gibt, muss ich gestehen, dass diese Ameise in Bezug auf Größe und Aussehen gut in das Bild passt, das man in Mitteleuropa meistens von einer Ameise hat: Die Schwarze Wegameise wird zwischen drei und fünf Millimeter groß und ist dunkelbraun bis schwarz gefärbt.

Wir sehen sie deshalb so oft, weil sie zu den Arten gehört, die sich gerne in Menschennähe aufhalten. Schließlich stellen wir – nicht zuletzt durch unseren Müll – ausreichend Nahrung zur Verfügung und bieten im Haus, Garten oder auf dem Balkon einen geschützten Raum für ein Ameisennest. Das Nest unserer „Standardameise" befindet sich im Boden oder bodennah; direkt in der Wiese, in oder unter einem Blumentopf, in einem morschen Stück Holz oder unter einem flachen Stein, der bei Sonneneinstrahlung wie eine Wärmeplatte fungiert.

Flache Steine sind generell ein heißer Tipp, wenn man sich auf die Suche nach Ameisennestern begeben will. Wenn wir also einen Stein anheben und sich darunter ein Nest der Schwarzen Wegameise befindet, dann sehen wir zunächst ein hübsches Muster aus vielen Gängen und Kammern. Und mit etwas Glück lassen sich darin verschiedene Entwicklungsstadien der Ameise beobachten: Eier, Babyameisen und erwachsene Ameisen.

In der Ameisenkinderstube

Babyameisen! Süß, denken Sie vielleicht jetzt! Aber wie sieht eine Babyameise eigentlich aus? Man möchte meinen, naja, wahrscheinlich wie eine kleinere Version einer ausgewachsenen Ameise. Nicht ganz.

Wir kennen bei Insekten zwei grundlegend unterschiedliche Arten von Entwicklungszyklen: Einer davon ist die unvollständige Metamorphose. Diese Gruppe wird auch als *Hemimetabola* bezeichnet. Eine Heuschrecke, eine Schabe oder eine Wanze gehören zum Beispiel zu dieser Gruppe. Wenn diese Tiere aus dem Ei schlüpfen, sehen sie dem erwachsenen Tier in den Grundzügen bereits ähnlich. Sie durchlaufen vier bis acht Wachstumsphasen, wobei nach jeder Phase eine Häutung zur nächsten führt.

Der andere Entwicklungszyklus ist die vollständige Metamorphose, die Tiere in dieser Gruppe werden auch *Holometabola* genannt. Die meisten Menschen kennen diesen Vorgang durch den Lebenszyklus des Schmetterlings: Aus dem Ei schlüpft eine kleine Raupe, die viel frisst und wächst, sich schlussendlich mit Seide umspinnt und verpuppt. Im Kokon vollzieht sich eine komplette Umwandlung, und heraus schlüpft der erwachsene Schmetterling. Dieser gleicht der Raupe gar nicht und wächst auch fortan nicht mehr. Zu den Insekten mit diesem Entwicklungszyklus gehören zum Beispiel die Käfer, die Fliegen, die Netzflügler – und die Ameisen!

Man könnte also salopp sagen, dass eine Babyameise aussieht wie ein kleiner Wurm. An dieser Stelle muss ich als Biologin darauf hinweisen, dass die „echten“ Würmer eine eigene taxonomische Gruppe darstellen und Insektenlarven, wie die der Ameisen, diesen nur äußerlich ähneln, sonst aber keine nahe Verwandtschaft besteht.

Der kleine „Ameisenwurm“ ist aus einem Ei geschlüpft. Sobald die Ameisenkönigin dieses Ei gelegt hat, wird es im Nest von den

Die Verrückte Longhorn-Ameise (*Paratrechina longicornis*) mit einem „Ameisenbaby“: einer Larve.

sogenannten Arbeiterinnen, die wir gleich noch näher kennenlernen werden, liebevoll umsorgt, immer an den idealen Temperaturstandort im Nest gebracht und beleckt, um es vor Austrocknung zu schützen. Nach ca. zehn bis zwölf Tagen schlüpft aus dem Ei das erste Larvenstadium, der besagte „Wurm“, kaum größer als das Ei selbst. Diese Larve besitzt keine Beine und kann sich maximal durch Winden etwas von der Stelle rühren. Sie wird von den Arbeiterinnen aufopferungsvoll mit proteinhaltiger Nahrung gefüttert. Das Ameisenbaby durchläuft in den nächsten zwei Wochen ca. vier Larvenstadien, und jedes neue Stadium wird durch eine Häutung eingeleitet. Wenn der Sprössling im letzten Wachstumsstadium als Larve angelangt ist, startet ein neuer Lebensabschnitt. Der Ameisenwurm spinnt nun einen Seidenkokon und verpuppt sich darin. Ja, Ameisen besitzen ein Seidenreservoir, und es gibt sogar Ameisenarten, die diese Seide für mehr als „nur“ um einen Kokon daraus zu spinnen verwenden, zum Beispiel für den Nestbau!

Als Puppe in den Seidenkokon gehüllt, verbringt die Schwarze Wegameise nun bis zu 24 Tage in ihrer Hülle. In dieser Zeit achten die Arbeiterinnen darauf, sie in trockenen Nestkammern zu lagern. Bei Störung des Nests wird der wertvolle und völlig wehrlose Nachwuchs schnell in Sicherheit, zum Beispiel in tiefere Bodenkammern, gebracht oder außerhalb des Nests versteckt. Wenn es dann endlich so weit ist, schlüpft aus dem Kokon die „fertige" Ameise. Obwohl sie in ihrer Form einer erwachsenen Ameisenarbeiterin gleicht, ist sie zu Beginn noch blass und der Körper ganz weich. Daran erkennt man die „jugendlichen" Ameisen. Diesen begegnet allerdings nur, wer einen Einblick in das Innere eines Ameisennests bekommt, denn Arbeiterinnen treten den Dienst außerhalb des Nests meist erst an, wenn ihr Außenskelett voll ausgehärtet ist und sie überdies auch schon Arbeitserfahrung gesammelt haben.

Gendern unnötig?

Nun mag den aufmerksamen Leser*innen aufgefallen sein, dass ich bei der Bezeichnung der Ameisen im Nest stets die weibliche Form „die Arbeiterin" verwendet habe. Das war kein Versehen. Tatsächlich fällt das Gendern bei Ameisen ganz leicht, denn der Großteil der Ameisenkolonie ist mit Sicherheit weiblich! Darüber hinaus gibt es noch die Königin, die die Kolonie gegründet hat und in erster Linie für die Eiablage zuständig ist; auch sie ist weiblich.

Eine Information beim Entwicklungszyklus einer Ameise habe ich vorhin unterschlagen. Aus dem Ei schlüpft eine Larve, und aus dieser Larve entwickelt sich die Arbeiterin. Allerdings kann sich aus dem Ei nicht nur eine Arbeiterin entwickeln, sondern auch eine junge Königin, und in einem besonderen Fall sogar ein Männchen! Dies sind die drei unterschiedlichen Kasten, die es in einer Ameisenkolonie gibt: die Arbeiterin, die Königin und das Männchen.

Im Tierreich gibt es unterschiedliche Möglichkeiten der Geschlechtsbestimmung. Diese kann zum Beispiel bei einigen Reptilien durch Temperatur oder wie bei den Säugetieren durch Chromosomen stattfinden. Ameisen haben eine ganz besondere Art entwickelt, um das Geschlecht des Nachwuchses zu entscheiden: Aus einem unbefruchteten Ei entwickelt sich eine männliche Ameise, aus einem befruchteten Ei entwickelt sich eine weibliche Ameise (also eine Arbeiterin oder eine Jungkönigin, auch als *Gyne* bezeichnet). Ob aus einem befruchteten Ei eine Arbeiterin oder eine Gyne wird, entscheidet sich meist durch die Behandlung der Brut, zum Beispiel unter welchen exakten Bedingungen sie gelagert und womit sie gefüttert wird.

Die spezielle Geschlechtsbestimmung der Ameisen ist der Grund, warum Ameisenarbeiterinnen ein ganz besonderes Verhältnis zueinander haben: Sie sind nicht nur alle Schwestern, sie sind *Superschwestern*. Denn durch die Kombination der DNA des unbefruchteten Männchens (welches nur die DNA der Königin enthält) mit der DNA der Königin entsteht ein Verwandtschaftsverhältnis von durchschnittlich 75 % zwischen Arbeiterinnen einer ganzen Ameisenkolonie mit einer einzelnen Königin.

Arbeiterinnen können üblicherweise auch Eier legen, da diese aber nicht befruchtet sind – befruchtete Eier legt nur die Königin nach dem Paarungsflug, zu dem wir gleich kommen werden – könnten aus ihnen nur Männchen schlüpfen, was dem Fortbestand der Kolonie nicht dienlich ist. Dafür können Arbeiterinnen ganz bewusst spezielle Eier legen: *trophische Eier*. Diese sind eigens dafür ausgelegt, als Nahrung zu dienen, daher bestehen sie aus besonders nahrhaften Inhaltsstoffen: höhere Mengen an Proteinen, Fetten und anderen Nährstoffen. Diese Eier kommen zur Anwendung, wenn Nahrungsknappheit in der Kolonie herrscht.

Kings and Queens

Wer ist nun die wohl vielen bekannte Ameisenkönigin, wodurch unterscheidet sie sich von der Arbeiterin und kann man sie in der Natur beobachten? Kommen wir kurz zurück zu unserem Wegameisennest unter dem Stein. Wir erspähen eine Ameise, die sich von den anderen in Größe und Form etwas abhebt. Sie ist nicht nur

Eine geflügelte Marodeur-Ameisenjungkönigin (*Carebara diversa*): Nach erfolgter Paarung streift sie ihre Flügel ab und startet ihre eigene Kolonie.

größer, sondern auch etwas „rundlicher" gebaut, und beim Heben des Steins kann man sie davoneilen sehen. Trotz watschelnden Schrittes ist sie flott, und das ist wichtig, denn sie ist das wertvollste Mitglied im Ameisenstaat. Ohne sie ist der Fortbestand der Kolonie nicht möglich.

Bei genauem Hinsehen sind außerdem die größeren, seitlich liegenden Facettenaugen der Königin und die zusätzlichen Punktaugen auf der Stirn zu erkennen, die bei einer Arbeiterin gar nicht sichtbar sind. Darüber hinaus mag man seitlich im Brustbereich seltsame Narben erkennen, an denen sich manchmal noch ein Stück Flügelmembran ausmachen lässt. An dieser Stelle befand sich nämlich einst ein Flügelpaar, das dem Flug zum Paarungsplatz dient. Das ist auch der Grund, warum Königinnen größere Augen als die Arbeiterinnen haben: Im Flug ist es wichtig, die Orientierung nicht zu verlieren.

Bei geflügelten Ameisen handelt es sich also nicht um eine besondere Ameisenart, wie viele oft vermuten, sondern um sogenannte Geschlechtstiere: junge Königinnen – und Männchen. Damit sind wir beim besonderen Aussehen der Ameisenmännchen angelangt: Das Wegameisen-Männchen ist kleiner als die Königin, aber größer als eine Arbeiterin und besitzt Flügel. Die Körperform gleicht der der Arbeiterin in den Grundabschnitten, allerdings sind die Proportionen anders: Der Kopf ist kleiner, die Facettenaugen an der Seite und die Punktaugen an der Stirn dafür riesig, der Brustteil ist massiv, während der Hinterleib eher spärlich ausgeprägt ist. Der Brustteil ist stärker entwickelt, da hier die Flügel ansetzen, die ein Männchen im Gegensatz zur Königin nie abwirft. Am Ende des Hinterleibs befindet sich eine Art Zange, das ist das Geschlechtsteil bzw. der „Penis".

Einen „Ameisenkönig" gibt es übrigens nicht – der Ameisenstaat ist ein Matriarchat. Männchen übernehmen keine aktive Rolle im Arbeitsalltag einer Kolonie. Wichtig sind sie trotzdem. Geflügelte Männchen und geflügelte Jungköniginnen verlassen ihre Nester meist im Sommer und treffen sich zum Paarungsflug unter sehr spezifischen Voraussetzungen. Die Schwarzen Wegameisen zum Beispiel schwärmen an einem schwülwarmen Tag bei Temperaturen zwischen 16 und 24 °C im Zeitraum zwischen 11:30 und 18 Uhr. Häufig gibt es bei diesen Bedingungen einen Gewitterregen, der den Boden aufweicht und der frisch begatteten Jungkönigin die Nestgründung erleichtert. Natürlich macht das jede Art etwas anders. Jedenfalls sind Männchen, sobald sie am Paarungsort angekommen sind, eifrig bei der Sache und bemühen sich, möglichst viele Jungköniginnen zu begatten. Denn mit diesem Akt ist ihre Lebensaufgabe erfüllt. Sie kehren nicht ins Ameisennest zurück.

Für eine erfolgreich begattete Jungkönigin beginnt ihre Lebensaufgabe an dieser Stelle jedoch erst. Ihr Körper ist für die Spermalagerung und den lebenslangen „Spermaausschank" ausgestattet. Das Sperma eines Ameisenmännchens, manchmal auch mehrerer, wird nach erfolgter Paarung in das *Receptaculum seminis*, auch *Spermathek* genannt, geleitet und kann bei Bedarf jederzeit zur Befruchtung eines Eis verwendet werden. Nachdem die Flügel nun auch ihren Zweck erfüllt haben – die Navigation zum Schauplatz des Hochzeitsflugs –, werden diese abgeworfen und die Wegameisen-Jungkönigin macht sich auf die Suche nach einem geeigneten Neststandort. Ein unbesiedelter Stein in einem Garten vielleicht! Sie gräbt einen Tunnel unter dem Stein und legt die ersten Eier. Diese muss sie zu diesem Zeitpunkt noch selbst versorgen. Auch sonst ist sie völlig auf sich gestellt und verlässt den Bau nicht. Hin und wieder legt sie in dieser Zeit auch ein nahrhaftes *trophisches Ei*, das ihr zur Stärkung dient. Aus den befruchteten Eiern schlüpfen nach und nach die ersten Arbeiterinnen, die ihr kontinuierlich die Aufgaben beim Aufbau der Kolonie abnehmen. Langsam wächst das Nest und die Königin kann sich ganz aufs Eierlegen konzentrieren. Im Frühsommer beginnt sie, auch unbefruchtete Eier zu legen, aus denen nun Männchen schlüpfen. Und so beginnt der Kreislauf von Neuem.

Der Vollständigkeit halber muss ich an dieser Stelle erwähnen, dass es sich bei der beschrieben Koloniegründungsstrategie um eine der ursprünglichen Formen handelt, es aber auch andere Optionen gibt. Diese Strategien – die kooperative oder die parasitische Koloniegründung zum Beispiel – gehen, wie sich vermuten lässt, etwas grausamer vonstatten. Dabei werden fremde Ameisenvölker übernommen und es siegt immer die Stärkste.

Ein Herz für Ameisenmännchen

Ameisenmännchen liegen mir ganz besonders am Herzen. Insgesamt wissen wir recht wenig über diese Ameisenkaste. Zunächst können Ameisenmännchen einer Art oft nicht eindeutig zugeordnet werden, da sie, außer zur Paarungszeit, nicht im Ameisennest anzutreffen sind. Ameisenmännchen fängt man, wie viele fliegende Insekten, gut an einer Lichtquelle und somit meist fern ihres Nests und ihrer Artgenossinnen. Dazu kommt, dass sich bei manchen Arten die Männchen besonders stark vom Aussehen der Arbeiterinnen und Königinnen unterscheiden und fast wie eine völlig andere Insektengruppe aussehen. So wurden zum Beispiel die ersten Treiberameisen-Männchen in der Gattung *Dorylus* zunächst als neue Wespenarten beschrieben!

Das Männchen einer Wegameise (*Lasius* sp.). Männchen übernehmen keine aktive Rolle in der Ameisenkolonie und kommen nur zur Zeit des Hochzeitsfluges vor, um sich mit Jungköniginnen zu paaren.

Ich zelebriere jede Begegnung mit diesen interessanten Wesen, und manchmal entfährt mir auch ein mitfühlendes „Awww". Ameisenmännchen scheinen immer ein bisschen übermotiviert, auch wenn der Paarungsflug bereits abgeschlossen ist. Ich finde das sympathisch, obwohl oder vielleicht gerade weil ich weiß, dass dieser Ehrgeiz nach ihrer getanen Pflicht überflüssig ist. Tatsache ist nämlich, dass Männchen nach dem Hochzeitsflug ein eher inhaltsloses Leben führen, das wahrscheinlich in den meisten Fällen im Schlund anderer Tiere endet.

Aber wenn sie wild mit den Flügeln schlagend auf mir landen, mit ihren großen Facettenaugen und den dicken Punktaugen auf der Stirn, die wie ein paar Beulen vom letzten zu ausgiebig genossenen Barbesuch aussehen, kann ich nicht anders, als sie niedlich zu finden. Gleichzeitig verneigt sich ein Teil in mir vor diesen Tieren, deren Leben so kurz, aber deren Aufgabe so wichtig ist. Denn ohne ihren Beitrag gäbe es keine Jungköniginnen und keine neuen Arbeiterinnen.

Im Ameisenstaat übernehmen Arbeiterinnen eine ganze Reihe verschiedener Aufgaben, damit der Alltag reibungslos funktioniert. Eine davon hat mit den Männchen zu tun. Der Paarungsenthusiasmus eines Ameisenmännchens beginnt direkt nach dem Schlüpfen aus dem Kokon im heimischen Nest. Sie würden wohl am liebsten gleich losfliegen, obwohl die Bedingungen für den Paarungsflug noch nicht gegeben sind. Und so obliegt es den Arbeiterinnen, die Männchen zu beruhigen und so lange im Nest zu halten, bis es tatsächlich an der Zeit ist, loszufliegen. Ich nenne sie: die Männchen-Bändigerinnen.

Als ich in Florida in den USA nachtaktive Relikt-Schnappkieferameisen (*Odontomachus relictus*) für meine Forschung sammelte, begegnete ich vielen Männchen, die ohne großes Zutun zum Licht meiner Kopftaschenlampe flogen und die ich einfach von meiner Kleidung absammeln konnte. Manchmal sammelte ich auch Arbeiterinnen im gleichen Fanggefäß, und so konnte ich den Männchen-Bändigerinnen aus nächster Nähe bei der Arbeit zusehen: Eine Arbeiterin schnappte sich ein aufgeregtes, heftig mit den Flügeln schlagendes Männchen. Ganz plötzlich wurde es ruhig, hörte auf zu flattern, legte die langen Fühler an die Bauchseite, zog die Beine an und lag wie im Puppenstadium, quasi wie ein Mensch in Embryonalstellung, da.

Wie hat die Arbeiterin das bloß gemacht? Nach einer kurzen, aber fokussierten Beobachtungsperiode hatte ich eine Hypothese: Die Arbeiterin berührt das Männchen an der Unterseite; diese Berührung führt zur beobachteten Reaktion des Männchens. Also beschloss ich, genau das zu testen. Ich nahm ein zappelndes Männchen mit einer Pinzette vorsichtig an den Flügeln und begann es an der Körperunterseite zu streicheln. Auf die Schnelle hatte ich nur einen stumpfen Bleistift bei der Hand; der musste den Zweck erfüllen. Und das tat er auch! Obwohl ich etwas Geduld brauchte, konnte ich beobachten, wie das Männchen mit jeder sanften Streifbewegung des Stiftes ruhiger wurde. Zuerst hörte es auf zu zappeln, dann legten sich langsam die langen Fühler an die Körperunterseite, und schlussendlich zog es auch die Beine an und nahm die Embryonalstellung ein, die ich bei meinen Beobachtungen gesehen hatte.

Eine Relikt-Schnappkieferameisen-Männchenbändigerin bei der Arbeit: Die Arbeiterin trägt das Männchen in „gefalteter" Stellung.

Daraus ergab sich die Erkenntnis: Ameisenmännchen lassen sich durch Kraulen am Bauch beruhigen. Um dieses vorläufige Ergebnis zu untermauern, bedarf es allerdings einer umfangreichen Versuchsreihe. Leider fehlte mir bis dato die Zeit dafür (Zeit, die ewige Limitation einer Wissenschaftlerin), und so bleibt es vorerst bei dieser hoch interessanten Beobachtung, die den Startpunkt für weitere Untersuchungen bietet.

Die vielen Jobs der Arbeiterinnen

Neben dem Männchen-Bändigen gibt es in einem Ameisennest natürlich auch andere Aufgaben, die erledigt werden müssen, damit die Ameisenkolonie funktioniert. Im Grunde läuft es ab wie in einer Großstadt, in der mehrere tausend (oder Millionen) Menschen auf relativ engem Raum leben. Nahrungsversorgung, Sicherheit, Gesundheit und Fortpflanzung müssen sichergestellt werden, um ein reibungsloses Zusammenleben und gute Zukunftsaussichten zu ermöglichen.

Bei den Schwarzen Wegameisen entscheidet das Alter der Arbeiterin über ihren Aufgabenbereich. Jüngere Arbeiterinnen sind im Innendienst tätig, während die älteren die gefährlicheren Aufgaben im Außenbereich übernehmen. Einer Schwarzen Wegameisen-Arbeiterin sieht man die Arbeit, die sie verrichtet, äußerlich nicht an, denn es handelt sich bei dieser Art um eine *monomorphe* Arbeiterinnenkaste. Das bedeutet, alle Arbeiterinnen sehen, bis auf ein paar kleine Größenunterschiede, gleich aus.

Bei der Stöpselkopfameise (Gattung *Colobopsis*) verhält sich das anders. Bei diesen Ameisen gibt es einen besonderen Job in der Kolonie, der eine morphologische Anpassung der Arbeiterin, die ihn übernimmt, voraussetzt. Der Nesteingang wird von einer Arbeiterin bewacht und verschlossen – und zwar mit ihrem Kopf. Daher gibt es bei den Stöpselkopfameisen zwei Arbeiterinnen-Morphen: die mit normalem Kopf und die mit einem abgeflachten „Stöpselkopf". Dieser fungiert wie ein Verschlusskorken, der genau an die Nestöffnung angepasst ist. So bleibt der Eingang immer verschlossen, außer für die Mitglieder der Kolonie – denn diese werden am Geruch erkannt. Die treue Wächterin wird von ihren Schwestern mit Nahrung versorgt, schließlich kann sie ihren Arbeitsplatz nicht so einfach verlassen. Sollte sie doch einmal ausfallen, gibt es in der Kolonie gleich mehrere Ameisen mit der besonderen Kopfform, denn die Arbeiterinnen mit dem Stöpselkopf können auch andere Aufgaben in der Kolonie übernehmen.

Eine weitere Ameisengruppe mit *dimorphen*, also zwei unterschiedlichen Arbeiterinnenmorphen, finden wir bei den Großkopfameisen. In der Gattung *Pheidole* gibt es ebenfalls zwei unterschiedlich aussehende Arbeiterinnen: die insgesamt kleineren *Minoren* mit normal großen Köpfen und die größeren *Majoren* mit überdimensional großen Köpfen. Diese zwei Morphen gleichen sich auch anderweitig äußerlich kaum; daher wurden die beiden Morphen zunächst als unterschiedliche Ameisenarten beschrieben, da sie nicht gemeinsam direkt im Nest gesammelt wurden. Die riesigen Köpfe der Majoren beherbergen eine entsprechend ausgeprägte Kiefermuskulatur, die zum Knacken von härteren Nahrungsstücken benötigt wird. Sie sind auch insgesamt stärker und können somit bei einem Nestumzug zum Beispiel mehr tragen als die kleineren Minoren. Wenn es allerdings um die Kampfbereitschaft geht, dann heißt es bei den Großkopfameisen: Klein, aber oho! Denn es sind die Minoren, die mutig das Nest verteidigen, während die imposanten Majoren eigentlich eher scheu sind und sich in diesen Situationen lieber verstecken. Das Aussehen kann also durchaus täuschen!

Die Ameise als Landwirtin

Menschen jagen, sammeln und betreiben Landwirtschaft inklusive Agrarwirtschaft und Nutztierhaltung, um die Nahrungsversorgung einer Gruppe zu gewährleisten. Ameisen tun das auch. Arbeiterinnen im Außendienst machen Jagd auf lebende Tiere und sammeln sowohl tierische Überreste als auch Pflanzenteile und -produkte. Auch das Konzept der Landwirtschaft kannten Ameisen schon lange vor uns. Statt Kühe, Ziegen und Schafe halten Ameisen Pflanzenläuse (Unterordnung *Sternorrhyncha*) und andere Pflanzensaft saugende Tiere, die statt Milch süßen Honigtau abgeben: das Hauptnahrungsmittel der meisten erwachsenen Ameisen.

Die Schwarze Wegameise ist vielen Hobbygärtner*innen bestens bekannt, denn kaum hat man eine Pflanze mühsam von sämtlichen Blattläusen befreit, tragen die Ameisen sie sogleich wieder hinauf. Die Interaktion der Ameisen mit den Blattläusen bietet einen gegenseitigen Nutzen. So wie auch eine Kuh bei regelmäßigem Melken vermehrt Milch produziert, regen die Ameisen die Blattläuse zur vermehrten Honigtauproduktion an. Indem sie die Blattläuse mit ihren Fühlern betrommeln, signalisieren die Ameisen nämlich, dass sie für den nächsten Tropfen bereit sind. Die Kolonie der Blattläuse wächst und gedeiht durch die Unterstützung der Ameisen, und die Ameisen sind glücklich, da sie ihr Volk mit reichlich Honigtau versorgen können. Nur der*die Gärtner*in ist vermutlich weniger glücklich, denn die Pflanze wird den Blattlausbefall womöglich langfristig nicht überstehen.

Eine weitere und äußerst komplexe Form der Landwirtschaft haben die pilzanbauenden Ameisen entwickelt, dabei allen voran die Blattschneiderameisen in der Gattung *Atta*, die im großen Stil einen Speisepilz züchten, der ihre Hauptnahrungsquelle darstellt. Ihre Völker mit bis zu zehn Millionen Individuen gehören zu den größten unter allen Ameisenarten. Die Millionenmetropolen der Blattschneiderameisen sind architektonische Meisterwerke, von einem Volk kreiert, das die Anpassung an das Leben in einer so großen Gruppe nahezu perfektioniert hat. Jede Arbeiterin ist morphologisch ideal für ihre Tätigkeit im Nest ausgestattet, es handelt sich also um eine *polymorphe* Arbeiterinnenkaste.

Die Fähigkeit, unterschiedliche Körperformen (*Phänotypen*) und Merkmalsausprägungen aus einem einzigen genetischen Satz (*Genotyp*) zu produzieren, nennt man *Polyphänismus*. Eine zentrale Fähigkeit der Ameisen, welche es ihnen erlaubt, auf Kolonieebene flexibel auf Umweltbedingungen zu reagieren, indem sie nicht nur unterschiedliche Kasten (Königin, Männchen, Arbeiterin), sondern auch unterschiedliche Morphen dieser Kasten (hauptsächlich Arbeiterinnen-Morphen) gezielt ausbildet. Eine Ameisenkolonie produziert also genau die Arbeitskräfte, die benötigt werden. Eine Eigenschaft, die maßgeblich für den Ausbau ihrer globalen Dominanz über die Jahrmillionen ist.

Der Speisepilz der Blattschneiderameisen wird in unterirdischen Kammern tief im Nest angebaut und muss dort versorgt werden. Das erledigen winzige Arbeiterinnen, die sich durch die engen Gänge im Pilzgarten schlängeln können. Um das Hauptnahrungsmittel der Ameisen vor Krankheit zu schützen, verwenden die Arbeiterinnen ein spezielles Mittel, das antibiotisch, antiseptisch und antifungal – natürlich nur gegen fremde Pilze – wirkt und direkt auf ihren Körpern wächst. Es ist als weißliches Substrat manchmal gut zu erkennen. Besonders scharfe Mandibeln brauchen diese Arbeiterinnen nicht für ihren Job, ganz im Gegensatz zu den großen Arbeiterinnen, die die Blätter schneiden, die als Substrat für den Pilz verwendet werden. Die mittelgroßen Arbeiterinnen fungieren als Blatt-Trägerinnen und verfügen über besonders lange und schnelle Beine, denn ihre Aufgabe ist es, die geschnittenen Blattteile möglichst rasch zurück ins Nest zu bringen. Dabei lässt sich oft eine kleinere Arbeiterin als Mitreisende auf dem getragenen Blatt entdecken. Auch sie hat eine wichtige Aufgabe: Sie hält Ausschau nach Buckelfliegen (Familie *Phoridae*), die ihre Eier in die Köpfe der blatttragenden Arbeiterinnen legen wollen und sie zu kopflosen Zombies machen würden. Die Soldatinnen sind neben der Königin und den Männchen die größte Morphe im Volk. Insgesamt gibt es in einer Blattschneiderkolonie

Oben: Wegameisen-Arbeiterinnen (*Lasius* sp.) mit Blattläusen.

Unten: Pilzgarten einer Blattschneiderameisenkolonie (*Atta* sp.).

zwölf verschiedene Morphen in der Arbeiterinnenkaste, die von drei bis 23 mm Körpergröße reichen – und jede ist ideal für ihre Aufgabe im Nest ausgerüstet.

Gibt es arbeitslose Ameisen?

Ameisen sind für ihren Arbeitseifer und ihre Geschäftigkeit bekannt. Zu Recht, denn in einer Ameisenkolonie haben alle Familienmitglieder eine Aufgabe, jede einzelne Ameise ist wichtig. So mag es überraschen, wenn ich nun von der faulen Ameise erzähle. Die faule Ameise arbeitet nämlich zunächst einmal nicht. Während ihre Schwestern den betriebsamen Arbeitsalltag in der Kolonie bestreiten, sieht sie zu, wie die anderen das Nest instand halten, die Brut versorgen und auf Futtersuche gehen.

Die faule Ameise verrichtet keine dieser Tätigkeiten – und trägt dennoch Verantwortung, denn auch sie hat eine Aufgabe: Sie ist die Reserveeinheit. Sie arbeitet nur, wenn es notwendig ist. Kommt es zum Beispiel zu einem feindlichen Angriff, rücken die Soldatinnen aus und verteidigen ihre Kolonie und Heimat tapfer. Dennoch kann es zu Verlusten kommen – und das ist der Moment, in dem unsere faule Ameise zur Heldin wird. Denn sobald sie gebraucht wird, ist sie da. Sie ist eine schnell verfügbare Arbeitskraft im Fall von Ressourcenknappheit: Sie verteidigt das Nest, sie hilft beim Wiederaufbau, sie versorgt verletzte Schwestern, sie geht auf Futtersuche und kümmert sich um die Brut. Sie tut, was benötigt wird. In einem Ameisenvolk sind alle wichtig und keine einzelne Ameise ist verzichtbar.

Wie bei uns: Jeder Mensch hat seine Aufgabe und leistet einen unverzichtbaren Beitrag in unserer Gesellschaft. Alle sind wichtig. In einer Krise oder bei veränderten Bedingungen haben wir die Möglichkeit, diese Arbeitskraft entsprechend zuzuteilen, um flexibel auf die neue Situation zu reagieren. Zumindest in der Theorie ist das so. Ameisen haben diese Mechanismen und sozialen Strukturen schon lange, bevor es Menschen gab, perfektioniert. Am offensichtlichsten zeigt sich das im Zusammenleben im Ameisennest, das viele unterschiedliche Formen annehmen kann.

Kapitel 4

Lasius fuliginosus

Kreative Baumeisterinnen

Forelius pruinosus

Odontomachus relictus

Trachymyrmex septentrionalis

Oecophylla smaragdina

Camponotus americanus

Ein Ameisenhügel mag vielleicht auf den ersten Blick wie ein zufällig aufeinander geworfener Haufen aus Erde und Nadeln wirken. Dieser Schein trügt. Jeder *einzelne* Erdklumpen und jede *einzelne* Nadel wurde von einer Ameise dorthin transportiert und bewusst platziert. Der Ameisenhügel bietet dem Ameisenvolk nicht nur Schutz vor den Elementen, sondern ist ein architektonisch komplexes Bauwerk, klima-optimiert und mit einem gedeckten Dach!

Der Ameisenhügel ist nur eine der verschiedenen Nestarchitekturen, die Ameisen in ihrem Repertoire haben. Jede Art baut ihr Nest anders, und manchmal gibt es sogar Unterschiede zwischen Kolonien derselben Art. Eines haben alle Ameisennester jedoch gemeinsam: Sie sind Meisterwerke der Architektur und Logistik. Sie sind perfekt auf die Bedürfnisse ihrer Einwohnerinnen abgestimmt, egal ob es sich dabei um 100 Individuen oder mehrere Millionen handelt.

Gründet eine frisch begattete Ameisenkönigin selbstständig eine Kolonie, startet das Ameisennest üblicherweise klein – ein Gang, eine Kammer, ein geschütztes Plätzchen – und wird mit dem Wachstum der Kolonie laufend erweitert, zumindest soweit es die Gegebenheiten zulassen. Ist eine Ausweitung nicht mehr möglich, zieht die Kolonie um, denn die Ameisen merken, dass es zu eng wird – wenn sie sich zum Beispiel zu oft berühren. Nun heißt es, zunächst einen geeigneten Platz für die neue Behausung zu finden. Dazu ziehen gleich mehrere Kundschafterinnen los und markieren den Weg zu möglichen Neststandorten mit sogenannten Spurpheromonen. Die besten Plätze der Umgebung werden von den meisten

Kundschafterinnen markiert und die Ameisen folgen der stärksten Spur – damit entscheidet sich die Bauplatzsuche also durch eine klassische Mehrheitsabstimmung.

Dann beginnt das Bauprojekt. Eine Architektin schlummert glücklicherweise in jeder Ameise, und daher weiß diese genau, worauf es beim Nestbau ankommt: Stabilität, genug Platz und ein optimales Raumklima der verschiedenen Nestbereiche müssen gewährleistet sein. Startet der Rohbau, graben Bauarbeiterinnen das Fundament, stellen Wände auf und installieren neben Be- und Entlüftungsschächten die Nesteingänge. Nestkammern mit verschiedenen klimatischen Bedingungen, je nachdem, was für die Brutstadien oder zum Beispiel eine Pilzzucht benötigt wird, werden errichtet, Abfallplätze, oft im Außenbereich, werden festgelegt und Sanitäranlagen dürfen natürlich auch nicht fehlen. Ja, Ameisen bauen Klos! Schließlich ist es wichtig, die Ausbreitung von Krankheitserregern auf so engem Raum so gut wie möglich zu verhindern. Daher haben Putzkräfte und Totengräberinnen eine wichtige Aufgabe im Nest. Wird doch mal jemand krank, fungiert die Ameise als Ärztin und verordnet Medikamente oder Quarantäne – manchmal tut sie das für sich selbst, sie kann aber auch anderen Ameisen helfen. Zum Beispiel amputieren Arbeiterinnen der Amerikanischen Holzameise (*Camponotus americanus*) auch mal ein Bein, wenn sie merken, dass eine fortgeschrittene Infektion lebensbedrohlich wird. Polizeipatrouillen weisen Ungehorsam im Ameisenvolk zurecht, denn Regeln sind unerlässlich, wenn ein friedliches Zusammenleben gewährleistet sein soll. Wird der Bau beschädigt, kümmern sich Handwerkerinnen um den Wiederaufbau und die Instandhaltung. Und in der Kinderstube wird sichergestellt, dass auch die nächste Generation gut ausgebildet ist, um das komplexe Nest zu erhalten und weiter ausbauen zu können.

Während all diese Aufgaben im Nest erledigt werden, sind auch die Arbeiterinnen im Außendienst fleißig. Späherinnen konzentrieren ihre Suche nun auf mögliche Feinde in der Nähe der Baustelle. Soldatinnen sind stets kampfbereit und unterstützen zwischenzeitig Jägerinnen und Sammlerinnen auf ihrer Futtersuche.

Ungefähr so sieht es in einem Ameisennest aus. Bei jeder Ameisenart gibt es natürlich Abweichungen, die an ihre Lebensweise angepasst sind. Eigene Nahrungsvorratskammern gibt es zum Beispiel nur in Sonderfällen, denn die Flexibilität des sozialen Ameisenmagens ist darauf ausgelegt, dass die Ameise selbst als Vorratskammer fungiert. Honigtopfameisen treiben die Vorratsfunktion ihres Körpers an die Grenze. Arbeiterinnen stellen sich als „Silos" zur Verfügung. Dabei dehnen sie ihren Körper, prallgefüllt mit Honigtau, traubengroß aus und hängen in diesem Zustand von der Decke einer Nestkammer. Honigtopfameisen kommen in verschiedenen Gattungen in Amerika, Australien und Afrika vor. Proteinhaltige Nahrung für die Larven wird ebenfalls nicht im Ameisennest gelagert, da Ameisen üblicherweise ohne Brut überwintern.

Versteckte Waldpaläste

Koloniegrößen von Ameisen unterscheiden sich je nach Art und reichen von gemächlichen Kolonien von unter 100 Individuen bis zu den Millionenmetropolen der Blattschneiderameisen. Eine kleine Ameisenkolonie benötigt natürlich weniger Raum und passt auch mal gut in einen ausgehöhlten Zweig, eine Ritze im Holz oder Gestein, eine Nussfrucht (z. B. eine Eichel oder Hasel) oder zwischen ein paar Blätter im Laub. Ich verwende hier ganz bewusst den Begriff „Kolonie" und nicht „Nest", denn eine Ameisenkolonie kann mehrere einzelne Nester umfassen. Das ist vor allem bei Ameisenarten, die in sehr großen Kolonien leben, eine wichtige Unterscheidung.

Die Glänzendschwarze Holzameise (auch in der Gattung *Lasius*: *Lasius fuliginosus*) zum Beispiel lebt in Kolonien von bis zu zwei Millionen Individuen und baut komplexe Kartonnester in lebenden Bäumen, im Boden und manchmal auch im Mauerwerk. Diese Nester bestehen aus richtigen Galerien mit stabilen Kartonwänden, die die Ameisen aus eingespeicheltem Holz bauen und dann mit Pilzhyphen und klebrigem Honigtau verstärken. Bei chemischen Untersuchungen der Neststruktur fand man krebshemmende und antioxidative Eigenschaften, die sich aus dem Zusammenwirken der Substanzen ergeben. Der wertvolle Pilz begleitet die Jungköniginnen übrigens, wenn sie das Mutternest verlassen. Sie nehmen ihn für die eigene Nestgründung mit.

Die Glänzendschwarze Holzameise ist in der gemäßigten Zone fast überall vertreten und man kann sie auch bei uns aufgrund ihrer Koloniegröße gut in der Natur beobachten. Wenn Sie ein Waldstück im Gebiet der Glänzendschwarzen Holzameise betreten, merken Sie das ziemlich schnell: Die Ameisen sind sehr territorial veranlagt, und so herrscht eine gewisse Ruhe, da wenige andere Tiere vor Ort zu sein scheinen und überall, wo man (genau) hinsieht, patrouillieren die Ameisen mit dem markant herzförmigen Kopf. Eine Kolonie kann mehrere Bäume und daher auch mehrere einzelne Nester umfassen.

Im Gegensatz zur Gattung *Lasius*, in der sich die Glänzendschwarze Holzameise als holzaffine Ausreißerin der sonst als Wegameisen bezeichneten Arten befindet, ist die Gattung *Camponotus die* Holzameisengattung. Ihre Mitglieder haben den Nestbau im Holz quasi für sich beansprucht und perfektioniert. Im gemäßigten mitteleuropäischen Raum steht hier allen voran die Schwarze Holzameise oder Herkules-Holzameise (*Camponotus herculeanus*). Sie baut exzellent getarnte Hochhäuser in Wäldern. Getarnt, weil der von ihr beanspruchte Baum das Nest von außen betrachtet kaum vermuten lässt. Die Eingänge befinden sich nahe des Wurzelwerks und werden nur bei reger Frequentierung durch die Ameisen und genauer Untersuchung sichtbar. Im Inneren befindet sich ein architektonischer Kaiserpalast. Den Baum durchziehen länglich angelegte Nestkammern, die eine Höhe von bis zu 1,20 Meter erreichen. Offenbar haben die Ameisen eine Vorliebe für Räume mit hohen Decken. Diese prächtigen Konstruktionen kauen die Ameisen ins weiche Frühjahrsholz, da es sich leichter bearbeiten lässt. Dabei wird das Holz wohlgemerkt nicht verspeist – diese Vorliebe gehört den mit Ameisen manchmal verwechselten Termiten –, sondern nur zur Errichtung der Struktur abgebaut und dann in den Außenbereich gebracht. Kulinarisch bedient sich die Schwarze Holzameise lieber an Baum- oder Rindenläusen (Familie *Lachnidae*), die den so beliebten Honigtau spenden.

Auf Englisch werden Ameisen in dieser Gattung übrigens treffend als „Carpenter Ants“, also „Tischler-Ameisen“, bezeichnet. Sollten die Ameisen ihr Handwerk ausnahmsweise im Inneren einer menschlichen Hauskonstruktion ausüben, kann das zu unangenehmen strukturellen Schäden führen. Daher gilt die Ameise auch als Holzschädling. Aber ganz ehrlich – wer war zuerst da?

Auch die Kleinsten packen mit an

Eine meiner ersten professionellen Forschungsreisen führte mich nach Borneo. Ein magischer Ort. Die Insel in Südostasien gilt als einer der wenigen verbliebenen Biodiversitäts-Hotspots, und als ich mich das erste Mal im Anflug befand, kamen mir die Tränen beim Anblick des unendlichen Grüns, das sich vor mir ausbreitete: unberührter Dschungel, so weit das Auge reichte. Leider sah ich in manchen Regionen auch unendliche Weiten von Palmölplantagen, denen dieser Dschungel weichen musste – bei diesem Anblick regten sich andere Tränen ...

Obwohl ich gerade frisch verliebt in Ameisen war, entfachte Borneo eine zweite Liebe in mir – und zwar für den Urwald, für einen Ort, an dem die Natur regiert und der Mensch klein ist. Und obwohl es viele interessante „große“ Tiere in Borneo gibt, so sind doch die Insekten hier die Großen, denn sie dominieren das Ökosystem in einer atemberaubenden Bandbreite. Wahrlich ein Paradies für eine Ameisenforscherin wie mich. Die Artenvielfalt der Insel lädt praktisch dazu ein, Unbekanntes zu entdecken. Denn die Antwort auf die meisten Fragen der Sorte „Wie heißt dieses Tier und warum tut es das, was es tut?“ ist: „Wir wissen es nicht.“ Und so habe ich im Laufe meiner Forschungsarbeiten, die mich viele Male nach Borneo führten, meinen Beitrag dazu geleistet, Antworten auf diese Fragen zu finden.

In Borneo gibt es viele Ameisen, die ihr Nest in Bäumen konstruieren, und eine davon hat eine ungewöhnliche Technik entwickelt: die Weberameise (*Oecophylla smaragdina*). Ich kenne diese Art gut, denn an einer Begegnung mit einer Weberameise kommt man in tropischen Regionen Asiens nur schwer vorbei. Die Weberameise lebt in großen Kolonien mit bis zu einer halben Million Individuen und besiedelt die Baumkronen. Dabei bedient sie sich einer ganz besonderen Vorgehensweise: Sie spinnt Blätter zu Nestkammern zusammen. Dazu werden Blätter zueinander gezogen und dann aneinander befestigt, um im Inneren Raum für die Nestkammer zu schaffen. Das erledigen die Arbeiterinnen. Aber es ist keine leichte Aufgabe, denn einzelne Blätter befinden sich oft nicht in unmittelbarer Nähe und die Zwischenräume können von einer einzelnen Ameise nicht überbrückt werden. Dafür hat die Weberameise eine simple, aber ausgeklügelte Lösung parat: Es werden „Ameisenketten" gebildet. Dabei fassen sich die Ameisen am Rumpf und bilden eine Reihe, bis der Abstand zum angepeilten Blatt überwunden ist. Ist das Blatt erreicht, wird es durch großen Kraftaufwand an das Ursprungsblatt gezogen und daran befestigt. Der Kraftaufwand dieser Technik verschafft der Weberameise den Titel „stärkste Ameise der Welt", denn sie kann das Hundertfache ihres eigenen Gewichts tragen, selbst wenn – oder gerade wenn – sie sich kopfüber nach einem Blatt streckt, während zehn Schwestern an ihr „dranhängen". Einen Menschen würde es beim Versuch, dies nachzuahmen, schlichtweg zerreißen. Die physische Beschaffenheit und besonders das Exo- oder Außenskelett der Ameise machen diese Superkräfte möglich.

Nun befinden sich beide Blätter, also die Wände der zukünftigen Nestkammer, in unmittelbarer Nähe. Aber wie werden sie aneinander befestigt? An dieser Stelle kommen die seidenspinnenden Ameisenbabys ins Spiel. Die müssen nun mitarbeiten. Eine Arbeiterin schnappt sich eine Larve aus der Brutkammer, trägt sie zur Baustelle und gibt ihr ein Zeichen, wenn sie mit dem Spinnen beginnen soll. Wie einen Klebestift führt die Architektin das Junge gekonnt entlang der Nahtstelle zwischen den Blättern, um die Konstruktion der neuen Nestkammer zu fixieren. Nun hat das Ameisenbaby allerdings die eigene Seide verbraucht und kann somit keinen Kokon zur Verpuppung spinnen. Das macht aber nichts! Denn die eben konstruierte Nestkammer bietet ausreichend Schutz, und so kann sich die Ameisenlarve auch ohne den schützenden Kokon verpuppen.

Weberameisen (*Oecophylla smaragdina*) packen sich am Rumpf, um Blätter für den Bau von Nestkammern zueinander zu ziehen. Dabei bilden sie stabile „Ameisenketten".

Einen Baum, der eine Weberameisenkolonie beheimatet, kann man übrigens gut an den Nestkammern, die wie Blattkugeln aussehen, erkennen. Manchmal sind nur wenige freie Blätter am Baum übrig.

Ameisennester in lebenden Bäumen können sich also im Inneren des Holzes befinden oder als Konstruktion an der Oberfläche existieren. Diese Koexistenz kann für den Baum Vorteile bringen, da Ameisen meist gute Verteidigerinnen ihres Territoriums sind. Aus diesem Grund haben einige Pflanzen gelernt, diese Eigenschaft für sich zu nutzen und bieten den Ameisen ganz gezielt Nistplätze in ihrem Inneren und teilweise sogar Verpflegung durch sogenannte extraflorale Nektarien. Das sind Saftdrüsen, die Nektar absondern, der dem unter Ameisen so beliebten Honigtau ähnlich ist. Akazien zum Beispiel bieten den Ameisen Nestraum in ihren Dornen und produzieren den süßen Nektar, um die willkommenen Gäste anzulocken und bei sich zu halten. Im Gegenzug schützen die Ameisen die Pflanze nicht nur vor Fressfeinden, sondern auch vor Krankheitserregern, indem sie die Blattoberflächen sauber halten.

Abtauchen

Zwischen Tieren und Pflanzen finden sich Symbiosen, bei denen ein beidseitiger Nutzen besteht, häufig. Eine Ameisenart hat sich für dieses intime Zusammenleben eine ungewöhnliche Pflanze ausgesucht, denn normalerweise stünde sie auf deren Speisekarte. Die Tauchameise, *Colobopsis schmitzi*, baut ihr Nest im Inneren einer fleischfressenden Kannenpflanze. Beide sind auf der Insel Borneo beheimatet und dort endemisch, das bedeutet, sie kommen weltweit nur dort vor. Die Tauchameise gehört in die Gruppe der Stöpselkopfameisen wie alle Ameisen in der Gattung *Colobopsis*. Bei ihnen gibt es also die Arbeiterinnenkaste, die wir am abgeflachten Kopf erkennen, mit denen die Tiere den Nesteingang verschließen.

Die Tauchameise ist mir schon früh auf meinem Ameisenweg begegnet. Als ich meine Liebe zu Ameisen gerade entdeckt hatte, besuchte ich Mailand für ein paar Tage und stieß beim Schlendern durch die Fußgängerzone auf eine öffentliche Fotoausstellung von National Geographic. Es dauerte nicht lange, bis ich das für mich eindeutig interessanteste Bild erspäht hatte: eine Ameise, die auf einer gebogenen Struktur saß. Es war die Ranke der Zweidornigen Kannenpflanze (*Nepenthes bicalcarata*), die überdachte „Kannen" produziert. Die zwei unverkennbaren dornigen Fortsätze auf der Unterseite der Dachkonstruktion verleihen ihr den Namen. Die Kannen befinden sich am länglich ausgezogenen Ende der Blätter. Jedes Blatt setzt sich als eine Art Stängel fort und zieht sich zuerst Richtung Boden. Dabei bildet diese „Ranke" einen markanten Schnörkel und wächst erst dann wieder hinauf, um eine aufrechte Kanne zu formen. An dieser innen hohlen „Rankenschlinge" fällt womöglich beim aufmerksamen Hinsehen ein unscheinbares Loch auf – und bei noch genauerer Betrachtung steckt womöglich eine Art Stöpsel darin. Genau hier lebt die Tauchameise.

An diesem Punkt wird die Geschichte etwas bizarr, denn die Kannen der Pflanze sind mit einer Verdauungsflüssigkeit befüllt, die ihre Opfer langsam zersetzt. Der Innenraum und besonders der Kannenrand, das *Peristom*, das nach außen rund in eine Art Lippe gebogen ist, sind glitschig, sodass ein nichts ahnendes Insekt leicht in die tödliche Suppe rutscht. Aber all das lässt die Tauchameise völlig unbeeindruckt. Sie spaziert selbstbewusst und mit gutem Halt entlang des Kannenrandes – ihre Füße sind dafür entsprechend mit guter Haftung ausgestattet – und versteckt sich auch gern unter dessen Lippe.

Hat die Pflanze ihre Beute gefangen, gleitet die Ameise in die Flüssigkeit, taucht geschickt in die Tiefen hinab und nascht mit! Es ist die Hauptnahrungsquelle der Tauchameise – wenn es um das für die Brut so wichtige Protein geht. Eine Schmarotzerin also? Nein, denn die Zweidornige Kannenpflanze hat auch etwas von dieser Interaktion. Die Ameise hilft der Pflanze, ihre Beutemenge zu steigern, indem sie die spiegelglatten Todesrutschen in das Verdauungsbad sauber hält. Und hat die Pflanze einmal zu viel Nahrung zu sich genommen – denn auch ihr „Magen“ kann in so einem Fall gefährlich übersäuern –, hilft der willkommene Dauergast, die Nahrungsmenge zu verringern. So unterstützt die Ameise die Pflanze dabei, ihre Nährstoffzufuhr zu steuern. Im Gegenzug für diese Leistungen bietet sie der Tauchameise ein Zuhause. Den Schutz vor Fressfeinden gibt es von der Ameise gratis dazu.

Links: Tauchameise (*Colobopsis schmitzi*) auf einem Dorn der Zweidornigen Kannenpflanze (*Nepenthes bicalcarata*). Das Ameisennest befindet sich im Inneren der Pflanze; es besteht eine Symbiose zwischen den beiden Organismen.
Rechts: Die Kanne der ausschließlich auf Borneo vorkommenden Zweidornigen Kannenpflanze.

Der Ameisenhügel

Neben den lebenden sind auch tote Pflanzen ein wichtiger Lebensraum für Ameisen. Totes Holz, wie zum Beispiel ein abgestorbener Baumstrunk, bietet Platz für viele Tiere, darunter auch einige Ameisenarten. Eine Artengruppe der Ameisen verwendet ihn als Basis zum Bau eines architektonisch besonders ausgeklügelten Nests, und zwar im Hinblick auf die klimatische Regulation: den Ameisenhügel. Er ist in unseren Breitengraden beinahe schon ein Synonym für jedes Ameisennest, obwohl hier nur die sechs Waldameisenarten der *Formica rufa*-Gruppe ihr Nest in dieser Form errichten. Zu diesen Arten gehört auch die Rote Waldameise (*Formica rufa*).

Wenn ich einen Waldameisenhügel sichte, verharre ich oft ein paar Momente in Ehrfurcht vor dieser spektakulären Baukunst. Wenn ich mich dann vorsichtig nähere, um das Nest in Augenschein zu nehmen, sehe ich die immense Arbeit vor mir, die die Ameisen in den Bau hineingesteckt haben und die ständig nötig ist, um das Nest zu erhalten und das Wachstum der Kolonie voranzutreiben. Der Gedanke, dass es Menschen gibt, die so einen Ameisenhügel absichtlich zerstören wollen, ist mir unverständlich, und wenn Sie dieses Wunderwerk und das Treiben der Waldameisen darum herum eine Weile betrachten, geht es Ihnen sicher genauso. Überdies stehen einige Waldameisenarten ganz offiziell unter Naturschutz.

Eine *monogyne* Kolonie der Roten Waldameise kann bis zu 130.000 Individuen beheimaten. Monogyn bedeutet „ein Weibchen“, die Kolonie hat also nur eine Königin. Dieser Hinweis ist wichtig, denn bei den Ameisen existiert auch die Möglichkeit, mehrere Königinnen als Teil der Kolonie zu haben. Viele Ameisenarten haben diese Variante gewählt, da es das Risiko, die Königin zu verlieren, minimiert, ihnen ermöglicht, größere Kolonien zu bilden und mitunter die Ausweitung ihres Territoriums erleichtert. So haben zum Beispiel die meisten invasiven, also eingeschleppten Arten, zum Beispiel die Pharaoameise und die Argentinische Ameise, solche *polygynen* Kolonien. Manche Arten, darunter auch die Rote Waldameise, bedienen sich beider Varianten, und so gibt es sowohl

Kolonien mit nur einer Königin und solche mit mehreren – und zwar bis zu tausenden! – Königinnen. Bei der Schwarzen Wegameise hingegen, unserer „Standardameise", gibt es immer nur eine Königin.

Wenn wir in einem Nadel- oder Mischwald auf ein großes Waldameisennest treffen, ist das meist schwer zu übersehen, vor allem, wenn wir uns, womöglich unabsichtlich, in unmittelbare Nähe begeben und von Arbeiterinnen angegriffen werden. Der Hügel ist üblicherweise zwischen einem halben und einem Meter hoch, kann aber bis zu zwei Meter Höhe gebaut werden. Er besteht großteils aus lockerem Erdmaterial und verfügt über ein gedecktes Dach, das meist hauptsächlich aus Nadeln der umliegenden Nadelbäume besteht. Auf Englisch heißt diese Art von Ameisennest „thatch mound", wörtlich übersetzt heißt das „mit Stroh oder Reet gedeckter Hügel". Dieses Nadeldach erfüllt dieselben Anforderungen wie jedes Dach einer menschlichen Konstruktion: Schutz vor Niederschlag und Wärmeisolierung.

Der sichtbare Teil des Ameisenhügels ist nur einer von drei Nestteilen: Boden, Baumstrunk und Hügel. Der Materialhügel wird meist über einem morschen Baumstrunk gebaut. Das Nest reicht in das darunterliegende Erdreich, und zwar bis zu einer Breite und Tiefe von zwei Metern. In jedem der drei Nestteile befinden sich mehrere Nestkammern, die unterschiedliche strukturelle und klimatische Bedingungen aufweisen. Die Königin befindet sich zum Beispiel oft in der Region des Baumstrunks, dem solidesten und somit sichersten Ort im Nest. Frisch gelegte Eier haben eine weiche, durchlässige Hülle und dürfen nicht austrocknen. Sie werden daher zunächst in Bodenkammern gebracht, wo eine hohe Luftfeuchtigkeit und konstante Temperaturen herrschen. Der Nesthügel über der Erde heizt sich bei Sonneneinstrahlung auf und bietet daher wärmere Temperaturzonen. Diese benötigen die Larven zur Entwicklung. Puppen brauchen eine besonders warme und trockene Umgebung und werden daher in den oberen Regionen des Hügels gelagert und zum Wärmen auch mal ganz an die Nestoberfläche gebracht.

Ein Waldameisennest ist ein dynamisches Konstrukt, da gibt es immer etwas zu tun: Der Hügel wird ständig renoviert, repariert

Der sichtbare Teil eines Waldameisenhügels ist nur einer von drei Nestteilen: Unter dem Hügel befindet sich oft ein Baumstrunk; das Nest reicht auch in den Boden. Nesteingänge und Belüftungslöcher sind am Hügel gut erkennbar.

und angepasst. Bei Regenwetter müssen die Arbeiterinnen das Nestmaterial regelmäßig umschichten, um es trocken zu halten und einen Pilzbefall zu vermeiden. In den heißen Sommermonaten legen die Ameisen Belüftungslöcher frei. Nur in den kalten Monaten wird es ruhiger, dann zieht sich der Großteil der Kolonie in den Bodenteil zurück, um dort Winterruhe zu halten. Aber im Frühling heißt es wieder fest anpacken und den vernachlässigten Hügel erneut instand setzen.

In den Boden

Vielleicht geht es Ihnen ähnlich wie mir: Wenn ich mich, egal ob schwimmend, in einem Boot oder auf einem Surfbrett an der Meeresoberfläche befinde, ist mir oft etwas mulmig zumute, denn ich weiß, dass sich unter mir eine unsichtbare Welt befindet. Und zwar in einer Weite, die mir großteils weder bekannt noch zugänglich ist. Das gilt auch für die Welt, die sich unter unseren Füßen in der Erde befindet. Von dieser Welt haben die Ameisen einen guten Teil für sich beansprucht, und so nisten viele Arten im Boden.

Ein solches Bodennest birgt immer ein Mysterium. Wer befindet sich darin? Wie weit erstreckt es sich links und rechts von mir? Wie tief reicht es in den Boden? Wie sieht es aus? Könnte es mich verschlucken?

Aber woran erkennt man überhaupt ein Bodennest? Oft an einem Erdhaufen. Schließlich befindet sich sogar unter den imposanten Hügelbauten der Waldameisen ein Teil des Nests. Ein Erdhaufen kann also auf ein Ameisennest hinweisen. Dabei gilt es zu unterscheiden, ob der Haufen selbst von den Ameisen bewohnt wird oder ob es sich dabei nur um den Aushub des Erdnests handelt. Manchmal erfüllt dieser unbewohnte Erdaushub trotzdem eine Funktion. Die Gelbe Wegameise (*Lasius flavus*) zum Beispiel baut in kälteren Regionen höhere Nesthügel, um die Sonnenwärme optimal zu nutzen.

Ein Ameisen-Erdhügel kann markant und ästhetisch durchaus ansprechend sein. Die Nester der Nördlichen Pilzanbauenden Ameise (*Trachymyrmex septentrionalis*) in Florida sind in sandigen Regionen besonders leicht zu finden, da sie einen hübschen halbmondförmigen Haufen um den Nesteingang formen. Und die Elegante Pyramidenameise (*Dorymyrmex elegans*) baut einen ebenso schön anzusehenden runden Krater. Warum diese Ameisen das tun, wissen wir zwar nicht, aber für die Ameisenforscherin auf Ameisensuche dienen diese auffälligen Außenfassaden als super Wegweiser.

Ein unscheinbares Nest ohne Hügel oder Erdaushub baut eine Schnappkieferameise in Florida. Sie gehört zu den seltensten Ameisen der Welt, denn sie kommt nur in einer Region Floridas vor, und zwar auf sogenannten „Sandrücken" („sand ridges") im Inneren des Bundesstaates. Diese Sandhügel, die vor über einer Million Jahren die Grenze zum Meer darstellten, sind zwar nur bis zu 30 Meter hoch, aber beachtlich, da sie eine einzigartige Flora und Fauna beherbergen, die neben zahlreichen anderen endemischen Bewohnerinnen auch der Relikt-Schnappkieferameise (*Odontomachus relictus*) Heimat bietet.

Warum ich gerade diese Ameise zu meinem Forschungsschwerpunkt erkor, hatte mehrere Gründe. Über die Lebensweise der Relikt-Schnappkieferameise war nur wenig bekannt und ihre Verbreitung ließ interessante Entdeckungen vermuten. Die Ameise war nämlich von nur zwei der Sandhügel Floridas bekannt und hat dort vielleicht bereits seit einer Million Jahren isoliert gelebt. Diese Isolation mochte sogar kleinere Populationen innerhalb einer „Sandinsel" betreffen.

Bereits Charles Darwin war fasziniert von Inseln und bezeichnete sie als „Laboratorien der Evolution", denn evolutionäre Mechanismen wirken in einer ausgeprägten geographischen Isolation besonders stark auf die Entstehung neuer Arten ein. Tatsächlich ist genetische Isolation eine Voraussetzung, um Evolution überhaupt zu ermöglichen. Zudem war die Ameise eine Schnappkieferameise, also Teil der Ameisengattung, die mein Interesse für Ameisen überhaupt erst entfacht hatte. Und da mein Forschungsinteresse der Entdeckung neuer Ameisenarten und dem Studium unbekannter Arten galt, passte das hervorragend.

Zu Beginn interessierte ich mich ganz besonders für ihr Nest. Aus meiner Recherche ging hervor, dass sich dieses als einfaches Loch im Sand befand. Aber niemand hatte bisher erforscht, wie die unterirdische Struktur des Nests aussah, welche Form Gänge und Nestkammern hatten und wie tief das Nest in den Boden reichte. Nun stellte sich mir die Frage, wie ich das herausfinden und so Einblick in die unbekannte Tiefe gewinnen konnte, denn ich war mit den Methoden noch nicht vertraut. Aber ich hatte eine Idee, wen ich fragen konnte.

Geistige und metallene Ergüsse

Dr. Walter Tschinkel, mittlerweile Professor emeritus an der University of Florida in Tallahassee, ist nicht nur eine Koryphäe, wenn es um Ameisen und deren Lebensweisen geht, sondern er beschäftigt sich auch ganz besonders mit dem Aspekt der Nestarchitektur der Ameisen. Er kannte mich bereits, denn meine erste Bewerbung um eine Doktoratsstelle in den USA, als meine Ameisenliebe noch in den Kinderschuhen steckte, war an ihn gerichtet gewesen.

Dr. Tschinkel hat eine Technik entwickelt und perfektioniert, um unterirdische Ameisennester sichtbar zu machen. Dabei wird das Nest ausgegossen und nach Aushärtung des Guss-Materials wie ein Fossil freigelegt und ausgegraben. Zum Ausgießen eignen sich verschiedene Materialien wie Zement, Metall und sogar Wachs. Die besten Ergebnisse erzielt man mit Metallen wie Zink oder Aluminium, denn sie sind robust und härten im flüssigen Zustand schnell, aber nicht zu schnell aus. Somit kann es bei einem großen Nest auch in die tiefsten Kammern vordringen, um den realen Abdruck der Neststruktur zu bieten. Das ist natürlich kein minderes Unterfangen, muss dafür doch eine stattliche Menge Metall durch extreme Hitze in einen flüssigen Zustand versetzt werden. Und zwar im Feld, direkt beim Ameisennest, das sich oft „in der Pampa" befindet.

Für so ein Unterfangen war ich bei meinen ersten Ameisenexkursionen nach Florida nicht ausgestattet, aber Walter zeigte mir eine weniger invasive, aber dafür arbeitsintensivere Alternative, wie ich ein unterirdisches Nest sichtbar machen konnte: eine Ausgrabung. Dabei wird das Nest akribisch Schicht für Schicht freigelegt, ganz im archäologischen Stil. Da schlug mein Indiana-Jones-Herz gleich höher!

Die Utensilien, die dafür benötigt wurden, waren ebenfalls überschaubarer als der Brennofen zur Metallschmelzung: eine möglichst flache Schaufel und ein Akku-Industrie-Handstaubsauger. Und eine Portion Geduld, aber die braucht jede Feldforscherin. Bei dieser Methode wird das Nest vorsichtig schichtweise mit der Schaufel abgetragen, wobei der Staubsauger den Nestpfad immer wieder freilegt und allfällige Ameisen lebend einsaugt. Diese können aus dem Sammelbehälter des Staubsaugers leicht entfernt und entweder in ein künstliches Nest für weitere Laborstudien gebracht oder nach dem Zensus, also dem Zählen aller Koloniemitglieder, wieder freigelassen werden.

Im Endeffekt durfte ich im Zuge meiner Arbeit in Florida beide Methoden hautnah erleben. Ganz unerwartet bekam ich nämlich bei einer meiner Reisen in das Gebiet der Schnappkieferameise professionelle Unterstützung. Die Forschungen meines Ameisenkollegen Dr. Adrian Smith hatten ihn auch in die Gegend geführt. Und wie es der glückliche Zufall wollte, war Adrian ein ehemaliger Student Dr. Tschinkels und mit der Methodik des Nestabgussmeisters vertraut. Er war nach Florida gereist, um den Aluminiumabguss des Nests einer Art mit unbekannten Neststrukturen zu machen, und es brauchte wenig Überredungskunst, um ihn davon zu überzeugen, dafür ein Nest der Relikt-Schnappkieferameise zu wählen.

Die Schnappkiefernestausgrabung

An einem besonders schwülen Nachmittag startete das Unterfangen, und zwar auf einem erst kürzlich verbrannten Gebiet. Im Ökosystem der Sandhügel ist Feuer Teil des ökologischen Gleichgewichts und wird durch kontrollierte Brandpläne des Naturmanagementpersonals umgesetzt. Das verbrannte Gebiet glich einem Fußballfeld, die Farben Schwarz und Grün dominierten: Schwarz als die Farbe der Kohle der verbrannten Pflanzen und Grün als die der jungen Sprösslinge, die auf dem nährstoffreichen Boden wachsen und gedeihen. Ideale Bedingungen für das Projekt „Ameisen-Nestausguss"! Denn die Nesteingänge der Ameisen lagen frei und die Bodensicht war gut.

Wir fanden ein passendes Nest und der Brennofen wurde angeheizt, um die Aluminiumblöcke zum Schmelzen zu bringen. Anschließend wurde das flüssige Metall vorsichtig in die Nestöffnung geleert und dann hieß es warten, bis das Metall ausgehärtet war. Erst dann war unser „Nestfossil" zur Ausgrabung bereit.

Das Nest war tief, mehr als zwei Meter ging es in den Boden, und die Form war markant: ein einfacher Schlauch mit mehreren „Knubbeln". Das Nest war also ein Gang, der senkrecht in die Tiefe führte. Die flach und unregelmäßig geformten Nestkammern befanden sich direkt entlang des Gangs in einem Abstand von ca. 20 bis 40 cm. Als wir das Endstück, also den tiefsten Teil des Nests, näher in Betracht nahmen, war jedoch keine finale Nestkammer sichtbar, sondern nur ein abgerundeter Pfropfen entlang des geraden Ganges. Das war nicht das Ende des Nests. Das war das Ende des Guss-Materials! An dieser Stelle war das Aluminium hart geworden, bevor es das wirkliche Ende des Nests erreichen konnte.

Wir hatten mit dieser Arbeit wichtige Erkenntnisse über die Nestarchitektur der Schnappkieferameise gewonnen, aber eine Frage war weiterhin offen: Wie tief war das Nest? Diese Frage ließ mich nicht mehr los, und so beschloss ich, der Sache auf eigene Faust nachzugehen. Auf eigene Faust, weil mein Kollege wusste, welcher Arbeitsaufwand mit der Erschließung dieser Frage verbunden sein würde und beschloss, seine verbleibende Zeit anderen Forschungsschwerpunkten zu widmen. Ich aber wollte ein Nest ausgraben. Es archäologisch, akribisch freilegen, so wie es mich Walter Tschinkel gelehrt hatte. Und genau das tat ich auch.

Ich suchte mir einen Nesteingang unweit der Stelle, wo wir das Metallnest ausgegraben hatten und begann, die ersten Schichten mit Hilfe der Schaufel auszugraben. Bei rund 40 cm Tiefe stieß ich auf die erste Nestkammer und konnte sie mit dem Staubsauger frei-

Magdalena Sorger bei der Ausgrabung eines Nests der Relikt-Schnappkieferameise (*Odontomachus relictus*) in Florida.

legen. Immer wieder kontrollierte ich den Inhalt des Staubsaugers auf der Suche nach der Königin. Ich vermutete die Königin zwar in den tieferen Kammern, aber es war Teil meiner Forschung, alles genau zu dokumentieren, was ich fand. Insgesamt grub ich vier Tage lang. Unermüdlich. Aber das Ende des Nests war nicht in Sicht.

Bei 3,5 Metern Tiefe und einem Schacht, der aufgrund der handgegrabenen Qualität nicht die Stabilität eines professionell angelegten Tunnels hatte, gab ich auf. Wie tief konnte dieses Nest nur gehen? Beim Zurückschütten des gewaltigen Sandaushubs war mir jedenfalls klar, dass ich für dieses Projekt industrielle Maschinerie und professionelle Hilfe benötigen würde.

So bleibt die Forschungsfrage nach der spezifischen Nestarchitektur der Relikt-Schnappkieferameise weiterhin offen, denn seither hatte ich weder die Zeit noch die finanziellen Mittel, um das Projekt wieder aufzunehmen. Und so ist diese Ameise nur eine der unzähligen Arten, bei der banale Fragen der Biologie (der „natural history") ungeklärt sind und wohl vorerst bleiben – bis ich zurückkehre oder die nächste Ameisennärrin ihnen hartnäckig auf die Spur geht.

Das ausgegossene Nest von dieser Reise befindet sich übrigens als Ausstellungsstück im North Carolina Museum of Natural Sciences in Raleigh und kann durch die Glaswände des Evolutionary Biology & Behavior Research Labs bestaunt werden. Es sieht aus wie ein Kunstwerk, eine Metallstatue von Ameisenhand gefertigt. Am unteren Ende der Struktur befindet sich ein kleiner Hinweis, der besagt, dass der Boden des Nests nicht erreicht wurde.

Die Kunstwerke der Ameisen

Walter Tschinkel besitzt viele solcher Metall-Kunstwerke. Jedes Nest hat eine andere Form. Die Rote Feuerameise (*Solenopsis invicta*) baut ein komplexes Netzwerk aus vielen verzweigten Gängen nahe der Erdoberfläche. Die pilzanbauende Ameise mit den schönen halbmondförmigen Nestkratern (*Trachymyrmex septentrionalis*) baut einen kurzen, schräg verlaufenden Schacht mit nur wenigen eiförmigen Nestkammern, die Platz für den Speisepilzanbau bieten. Die Florida-Ernteameise (*Pogonomyrmex badius*) baut ein vertikal ausgerichtetes Nest, in dem sich Kammern entlang mehrerer Gänge, die unterschiedlich tief in den Boden führen, befinden.

Nestformen unterscheiden sich innerhalb einer Art, wenn sich die Umgebung verändert. Zum Beispiel baut die Florida-Ernteameise in lehmiger Erde ein weniger komplexes und kleineres Nest als im Sandboden. Das hängt wahrscheinlich mit dem Mehraufwand zusammen, und alle, die mit der Leichtigkeit, mit der man in Sand graben und spielen kann, vertraut sind, können das wahrscheinlich nachvollziehen.

Aus genau diesem Grund birgt Sand jedoch auch den Nachteil, dass er sehr erosionsanfällig ist. Daher ist Schutz vor Abtragung durch Wind etwas, womit sich alle Ameisen auseinandersetzen müssen, die im Sand nisten. Eine andere Ernteameisenart hat hier eine simple Lösung parat: Sie zementiert ihre Eingangstüren. Die Maricopa-Ernteameise (*Pogonomyrmex maricopa*) mischt eine Lösung aus 60 % Kalziumkarbonat, das sie aus den tieferen Erdregionen gewinnt, mit Sand, um den Bau zu stärken, indem sie die Nestkuppel damit überzieht.

Und wenn Sie sich nun an die Millionenmetropolen der Blattschneiderameisen erinnern und sich fragen, wie man ein so riesiges unterirdisches Bauwerk sichtbar machen könnte, darf ich darauf antworten: mit Zement. Und zwar sehr viel davon. Denn um so viel Metall vor Ort zu erhitzen, würde wohl die Errichtung einer kleinen Fabrik nötig sein. Beim Ausguss eines großen Blattschneidernests in Brasilien gossen Forscher zehn Tonnen Zement in die Struktur. Die Ausgrabungen dauerten Monate und die Forschenden legten ein riesiges Nest von 50 m^2 Fläche frei, welches acht Meter in den Boden reichte. Für den Bau dieses Nests mussten die Ameisen 40 Tonnen Erde ausheben – das entspräche in menschlichen Dimensionen nicht weniger als dem Bau der Chinesischen Mauer, an dem phasenweise bis zu 300.000 Arbeiter beteiligt waren.

Neben der immensen Kraftanstrengung, die für solche Konstruktionen notwendig ist, zeigen uns die Ameisen damit, dass sie auch die Aspekte der umfangreichen Planung und internen Organisation, die ein solches Projekt erfordert, gemeistert haben – womöglich sogar besser als wir, schließlich steht nur eine Chinesische Mauer auf unserem Planeten, während ein großes Blattschneiderameisennest regelmäßig solche Dimensionen erreicht.

Die Freilegung eines mit Zement ausgegossenen Nestes der Blattschneiderameisen-Art *Atta laevigata* in Brasilien.

Kapitel 5

Formica rufa

Intelligenz im Kollektiv

Lasius neoniger

Discothyrea testacea

Anochetus emarginatus

Carebara diversa

Carebara diversa

Monomorium pharaonis

Plagiolepis pygmaea

Sind Ameisen intelligente Wesen? Diese Frage beschäftigt mich schon so lange, wie mich Ameisen beschäftigen. Die Frage der Intelligenz von nicht-menschlichen Lebewesen ist eine durchaus interessante, denn unser Konzept von Intelligenz richtet sich – wenig überraschend – stark nach menschlichen Kommunikationsmethoden. Und selbst dabei werden menschliche Fähigkeiten abseits der Norm gerne übersehen. Wie soll man nun ein Konzept, das schon innerhalb einer Art durchaus lückenhaft ist, auf ein Lebewesen übertragen, das im besten Fall als notwendiges Übel betrachtet wird?

Auch wenn Menschen einigen Tieren eine Form von Intelligenz zuschreiben, so ist unser Verständnis von dieser andersartigen Intelligenz begrenzt. Und Insekten entziehen sich unserem Interesse diesbezüglich recht schnell, weil zwischen ihnen und uns keine Augenhöhe besteht. So wurden erst vor einigen Jahren Experimente durchgeführt, die zeigen, dass Hummeln des komplexen sozialen Lernens fähig sind. Ein Verhalten, das wir einst nur dem Menschen zutrauten.

Außer Frage gestellt ist jedenfalls, dass die einzelne Ameise mit einer Intelligenz ausgestattet ist, die ihr einfache Entscheidungen erlaubt. Jedoch ist es die Schwarmintelligenz, die Ameisen zu den erfolgreichen Tieren macht, die sie sind: die kollektive Intelligenz der Kolonie, Entscheidungen zu treffen, um gemeinsam komplexe Probleme zu lösen. Dabei übersteigt die kollektive Intelligenz einer Gruppe die Intelligenz der einzelnen Mitglieder und macht dadurch viele Dinge möglich, die ein einzelnes Exemplar niemals erreichen kann.

Einige Fischarten, wie Heringe oder Thunfische, schwimmen als dichter Schwarm. Dies bietet Vorteile bei der Nahrungssuche und Schutz vor Fressfeinden. Viele Augen sehen mehr als zwei.

Wird der Schwarm angegriffen, orientiert sich jedes einzelne Tier an der Reaktion des Nachbars oder der Nachbarin. Dabei entsteht eine kollektive Reaktion, die den Räuber verwirrt. Auch Vögel sind für ihr Schwarmverhalten bekannt. Greift ein Raubvogel einen Schwarm von Staren an, fallen diese in eine noch dichtere Formation, um die Auswahl eines einzelnen Opfers zu erschweren. Tierarten, die sich zusammenschließen, um Aspekte ihres Lebens erfolgreicher zu meistern, bezeichnen wir als *sozial*.

Ameisen gelten als *eusozial*. Das heißt, sie leben eine Form der Sozialität, in der folgende Bedingungen erfüllt sein müssen: Mehrere überlappende Generationen leben im selben Nest, es findet kooperative Brutpflege und Nahrungsbeschaffung, zum Beispiel durch gegenseitiges Füttern aus dem Kropf, statt und es herrscht Arbeitsteilung zwischen einer Gruppe, die sich fortpflanzt und einer, die dies nicht tut und üblicherweise eine sterile Arbeiterinnenkaste darstellt.

Ameisen sind in der Fähigkeit, Situationen als Kollektiv zu meistern, kaum zu überbieten. Jede einzelne kleine Ameise trifft immer nur eine simple Entscheidung, die erst in Summe zu einem hoch komplexen Ergebnis führt. Dabei ist ein Ameisengehirn keineswegs klein. Es umfasst rund 250.000 Gehirnzellen. Damit hat die Ameise das größte Gehirn unter allen Insekten. Es macht ungefähr ein Siebtel ihrer Körpermasse aus. Im Vergleich dazu macht unser Gehirn nur etwa ein Vierzigstel unserer Körpermasse aus, allerdings verfügen wir über ca. 100 Milliarden Gehirnzellen. Haben wir es also mit einer größeren Ameisenkolonie zu tun (ab 400.000 Individuen), könnte man argumentieren, dass diese einem einzelnen Menschen als kollektive Schwarmintelligenz womöglich sogar intellektuell überlegen sein könnte.

Selbstbestimmt

Eine Ameisenkolonie wird also nicht von einer zentralen Stelle geleitet. Die Ameisenkönigin ist nicht das Oberhaupt. Die einzelne Ameise hat kein Tagespensum zu erfüllen, sie wird nicht kontrolliert und ihre Performance wird nicht halbjährlich mit der Chefin besprochen. Die einzelne Ameise ist flexibel und erfüllt die Aufgabe, die gerade benötigt wird – sofern sie auch dafür qualifiziert ist. Sie erfüllt damit ihren Part zur Erreichung des gemeinsamen Ziels: das Fortbestehen und Wohlergehen der Kolonie. Ameisen regulieren sich also selbst, jede Ameise *weiß*, was zu tun ist. Aber woher?

Eine Ameise verfügt – wie jedes Lebewesen – über eine biologische Programmierung, die ihr Lösungsmöglichkeiten für Situationen, mit denen sie konfrontiert werden könnte, vorgibt. Eine solche Situation wäre zum Beispiel der Anlass: „Ich habe Hunger!" Die Lösung: „Ich suche Nahrung." Die Entscheidung der Ameise erfolgt nach einem binären Prinzip, ähnlich der im Tierreich so wichtigen Entscheidung Flucht oder Kampf. Sie wählt Lösung A oder Lösung B.

Hier ein Beispiel: Eine Arbeiterin findet eine kaputte Nestwand vor. Ihre biologische Programmierung sagt ihr, dass diese Nestwand zu reparieren ist. Die Ameise entscheidet nun selbstständig, ob sie die Reparatur vornimmt (A) oder weitergeht (B). Diese Entscheidung trifft sie auf Basis ihrer Erfahrungswerte und ihrer Fähigkeiten („*Kann* ich die Nestwand reparieren?"). Entscheidet sie sich, die Arbeit aufzunehmen, geht sie dieser Tätigkeit so lange nach, bis entweder die Reparatur beendet ist oder eine neue Situation eintritt, die eine erneute (binäre) Entscheidung erfordert: Während der Reparaturarbeiten stößt die Arbeiterin plötzlich auf eine Larve, die schutzlos am Boden liegt. Sie hat nun wieder zwei Möglichkeiten: Sie ignoriert die Larve und repariert die Nestwand weiter (A) oder sie stoppt die Reparatur, um die Larve in die Brutkammer zu tragen (B), wo diese adäquat versorgt wird, denn das sieht die Programmierung vor. Wieder trifft sie die Entscheidung flexibel auf Basis ihrer Erfahrungen und Fähigkeiten. In unserem Fall entscheidet sie sich, die Larve in die Brutkammer zu tragen, da sie die Dringlichkeit ihren Erfahrungen entsprechend einstuft – womöglich fiele diese Entscheidung anders aus, wenn das Nest in Alarmbereitschaft versetzt wäre, da eine Späherin einen nahenden Feind gesichtet hätte! Nachdem unsere Ameise die Larve sicher in die Brutkammer gebracht hat, steht sie erneut vor einer (binären)

Verrückte Longhorn-Ameisen (*Paratrechnia longicornis*) beim Nestumzug. Arbeiterinnen tragen Puppen und Larven.

Entscheidung: Geht sie der Reparaturtätigkeit weiter nach oder hat sich die Situation mittlerweile wieder verändert? Womöglich ist die Nestwand zwischenzeitlich von anderen Arbeiterinnen fertiggestellt worden. Jedenfalls wird die Arbeiterin wieder flexibel auf die Situation reagieren, mit der sie konfrontiert ist.

Jedes Mitglied der Ameisenkolonie bedient sich dieser Grundstruktur der Entscheidungsfindung. Das führt zu einer Vielzahl an Lösungsmöglichkeiten und Pfaden, welche in Summe eine hohe Komplexität erreichen können und zum Beispiel den Bau eines klimaregulierten Ameisennests mit entsprechender Infrastruktur erlauben. Jede einzelne Ameise trägt ihren Part mit ihrer individuellen Entscheidungsfindung dazu bei, bleibt dabei aber flexibel.

Keine Ameise ist allein

Ich befinde mich auf einem kurzen Spaziergang und durchquere gerade ein Waldstück. Dabei sichte ich eine Waldameise. Ein willkommener Anblick. Ich stoppe und beobachte sie bei ihrer Tätigkeit. Sie läuft über die Laubschicht und scheint sich auf der Suche nach etwas zu befinden. Wahrscheinlich ist sie auf Futtersuche. Auch wenn es spannend ist, einer einzelnen Ameise bei der Arbeit zuzusehen, sollte man dabei immer bedenken, dass sie Teil von etwas Größerem ist. Ist sie auf Futtersuche, sucht sie dieses Futter nicht bzw. nicht ausschließlich für sich selbst. Sie ist immer auch Teil einer Kolonie und ihre Arbeit fügt sich in die vielen Aufgaben ein, die erfüllt werden müssen.

Ich beschließe, der einsamen Waldameise zu folgen. Sie ist in Richtung eines hohen Nadelbaums unterwegs, wo reges Treiben herrscht. Hinauf marschieren schlanke Waldameisenarbeiterinnen flotten Schrittes. Direkt daneben führt eine Kolonne den Baumstamm wieder herab. Diese Arbeiterinnen sind etwas langsamer unterwegs. Ihr Hinterleib ist prall gefüllt. Damit ist für mich klar, was sich in den Kronen des Nadelbaums befindet: Es könnte zum Beispiel eine Honiglausgruppe (*Stomaphis quercus*) sein, die von den Waldameisen besucht wird, um sie zu melken.

Ich folge den schwerfällig rückkehrenden Arbeiterinnen weiter. Sie führen mich zum sonnigen Waldrand. Ich kämpfe mich durch das dichte Gestrüpp und verfluche meine Größe. Die Ameisen haben dieses Problem nicht. Ihr Weg führt den Waldboden entlang, über dichtes Laubwerk, Äste und Steine. Ok, vielleicht haben die Ameisen dieses Problem auch. Die Topografie des Waldbodens für die Größe einer Ameise ist vielleicht doch nicht so einfach zu bewältigen. Ich folge der Ameisenstraße weiter entlang des Waldrandes, bis das Nest direkt vor mir liegt: der Waldameisenhügel, das Ziel der zurückkehrenden Ameisen. Hier beginnt ihre Arbeit von Neuem. Sobald sie das Nest betreten, verteilen sie die flüssige, in ihrem sozialen Magen gespeicherte Nahrung unter ihren Schwestern, die das Nest aufgrund ihrer Tätigkeiten nicht verlassen.

Der Nahrungsaustausch, hier zwischen zwei Arbeiterinnen, wird *Trophallaxis* genannt und sorgt für eine effiziente Arbeitsteilung: So müssen nicht alle Arbeiterinnen auf Nahrungssuche gehen und werden trotzdem versorgt.

Beim Prozess des Nahrungsaustausches berühren sich die Ameisen zunächst mit ihren Fühlern, was einer „Hallo! Wer bist du? Wie geht's dir?"-Begegnung bei uns entspräche. Eine Ameise kommuniziert, dass sie hungrig ist. Als Antwort wird sie prompt von der fürsorglichen Schwester gefüttert, die sich gerade am Rückweg von einer ausgiebig gemolkenen Blattlausherde befindet. So werden nicht nur Arbeiterinnen im Innendienst versorgt, sondern auch Larven und natürlich die Königin. Die kollektive Intelligenz der Gruppe bietet die Lösung für die wichtigsten Herausforderungen der einzelnen Ameise.

Auch die Ameise, der ich ursprünglich gefolgt bin, ist Teil dieser Einheit, der Kolonie. Bei längerer Betrachtung einer Ameisenkolonie mag sie uns wie ein lebendiger Organismus erscheinen: ein Superorganismus. Denn die Ameisen arbeiten zusammen wie die Zellen eines Körpers, schließlich ist auch eine einzelne Zelle ohne den Körper nichts. Selbst ein ganzer Körperteil allein macht wenig Sinn. Ein schlagendes Herz erfüllt keinen Zweck, wenn es nicht im Körper liegt, wo es dafür sorgt, dass das Blut in alle Organe gepumpt wird.

Der menschliche Körper. Ein Superorganismus. Genau wie die Ameisenkolonie. Ausgestattet mit einer Schwarmintelligenz, die kollektive Entscheidungen ermöglicht, die die Intelligenz und die

Fähigkeiten des einzelnen Individuums übersteigen. Und die Ameise als unscheinbares Individuum, das jedoch fast alle Bereiche des sozialen Zusammenlebens in einem Ausmaß gemeistert hat, dass wir „Großen" noch viel von ihr lernen können.

Zu viele Köche verderben den Brei

Ein frustriertes Seufzen fasste den Fortschritt unserer Teamarbeit zusammen. „Ich glaube, es bringt nichts, wir müssen das einfach selbst machen..." Ich schaute meine Studienkollegin und gute Freundin an, während sie müde nickte.

Wir waren ein Team von fünf Wirtschaftsstudentinnen und sollten im Zuge des Semesters eine umfangreiche Seminararbeit abliefern. Wir hatten den Arbeitsaufwand in Themenblöcke eingeteilt, so dass jedes Teammitglied einen adäquaten Part beitragen konnte. Als es jedoch darum ging, die geschriebenen Teile zusammenzufügen, stellte sich heraus, dass diese massive Qualitätsunterschiede aufwiesen und ein Block sogar völlig unbrauchbar war. In diesem Seminar wurde jedoch nicht die Leistung der einzelnen Teilnehmenden beurteilt. Wir wurden als Team beurteilt. Und damit hatten wir ein gemeinsames Ziel.

Meine Freundin und ich überlegten uns, wie wir mit der Situation umgehen sollten und einigten uns schließlich darauf, die notwendigen Korrekturen selbst durchzuführen. Das war rückblickend die richtige Entscheidung, die Benotung der Arbeit fiel für das gesamte Team gut aus und damit hatten wir das gemeinsame Ziel erreicht. Und das, obwohl meine Freundin und ich einen höheren Arbeitsaufwand als die restlichen Teammitglieder hatten.

Zu diesem Zeitpunkt wusste ich es zwar noch nicht, aber die Ameisen hätten es genauso gemacht. Obwohl sie wahrscheinlich nicht so viel gemotzt hätten wie wir. Denn eine Ameisenkolonie agiert mit einem klaren gemeinsamen Ziel: dem Fortbestand der Kolonie. Alle Mitglieder der Kolonie arbeiten auf dieses Ziel hin. Das bedeutet aber nicht, dass alle auch gleich viel arbeiten müssen.

Ich spreche von den „faulen“ Ameisen, denen wir bereits begegnet sind. In einer Kolonie der Roten Feuerameise (*Solenopsis invicta*) erledigt zum Beispiel nur ein Drittel der Kolonie 70 % der Arbeit. Die anderen schauen zu. Oder machen gar nichts.

Das mag zunächst kontraproduktiv klingen. Aber die Ameisen reagieren, wenn sie merken, dass ihre Arbeitsleistung die Produktivität des Projekts nicht steigert und womöglich sogar hinderlich ist. Beim Graben eines Tunnels zum Beispiel geht die Arbeit nicht schneller voran, wenn mehr Arbeiterinnen graben. Der Gang ist eng, man steht sich im Weg, es bilden sich Staus, der Projektfortschritt dezimiert sich und die Arbeiterinnen wenden ihre Energie unnötig auf. Die Reaktion der Ameisen: Arbeiterinnen verlassen sukzessive den Arbeitsplatz, bis die Grabungsarbeiten wieder effizient vorangehen, und widmen sich bis auf weiteres dem Nichtstun.

Das scheint auf den ersten Blick vielleicht nicht fair. Warum sollen einige Ameisen immer hart arbeiten, während sich andere zurücklehnen und die Vorteile des Lebens in der Kolonie genießen? Aber ganz so ist es auch wieder nicht!

Entfernen wir nämlich die aktivsten Arbeiterinnen vom Ort des Geschehens, werden wir Zeugen der Eigenschaft, die Ameisen über 150 Millionen Jahre auf dieser Erde so erfolgreich gemacht hat: Flexibilität. Sobald die wichtigen Arbeiterinnen weg sind, reagieren die übrigen Ameisen prompt auf die veränderten Bedingungen der Situation. Neue, bisher nicht beschäftigte Arbeiterinnen springen ein und die Produktivität der Arbeitsgruppe und vor allem der Fortschritt des Projekts sind gesichert. Die „neuen“ Ameisen arbeiten genauso hart wie die eben entfernten. „Faule“ Ameisen sind also nicht per se „faul“, sie haben nur gerade nichts zu tun.

Arbeit oder Leidenschaft?

Meine Ameisenliebe hat mich gelehrt, dass Dinge, die aus vollster Überzeugung und mit Leidenschaft getan werden, sich oft nicht wie Arbeit anfühlen. Die Aufgaben gehen dann leicht von der Hand und die Fertigstellung ist mit einem wertvollen, intrinsischen Erfolgserlebnis verbunden. Ist es effizient, eine Person Arbeiten erledigen zu lassen, die diese nicht tun möchte oder darin nicht besonders gut ist? Vielleicht kennen Sie sogar jemanden, der in seinem Job eigentlich nur „Zeit absitzt". Dabei handelt es sich aus wirtschaftlicher Sicht um ungenutzte Produktivität. Dieselbe Person wäre wahrscheinlich bei einer anderen Arbeit, einer, die ihr wichtig und von der sie überzeugt ist, durchaus produktiv.

Leider tendieren wir dazu, mit „Arbeit" etwas Negatives zu assoziieren – ein Muss, das absolviert wird, um uns das Leben abseits dieser Arbeit leisten und einen gesellschaftlichen Status aufbauen bzw. erhalten zu können. Arbeit hingegen, die mit Liebe und Leidenschaft verrichtet wird, wird gesellschaftlich oft abgewertet und findet sich infolgedessen oft nur in der Welt der Hobbys. Diese Art der Arbeit wird selten als wirtschaftlich wertvoll erachtet, was wohl der kapitalistisch geprägten Sichtweise, welche unsere westliche Zivilisation dominiert, geschuldet ist. Folglich schaffen es nur wenige, aus ihrem Hobby einen (gut) bezahlten Beruf zu machen. Viele probieren es erst gar nicht.

Als ich begann, mich ernsthaft mit Ameisen zu beschäftigen, gab es zunächst kaum ernsthafte Überlegungen, dies im Rahmen eines bezahlten Arbeitsverhältnisses anzustreben. Ganz im Gegenteil, viele in meinem Umfeld bestärkten mich darin, mir einen gut bezahlten Job in der Wirtschaftswelt zu suchen, um damit „mein Hobby" zu finanzieren.

Ich empfand diese Option als frustrierend, und je öfter es mir gesagt wurde, desto klarer fühlte ich, dass es nicht der Weg war, den ich einschlagen wollte. Gleichzeitig erschien mir der Unterschied zwischen Hobby und Beruf zunehmend unverständlicher. Vielleicht wären wir ja produktiver und womöglich auch gesünder und glücklicher, wenn alle die Möglichkeit hätten, die Tätigkeit auszuüben, die sie mit Freude und Leidenschaft tun?

Vielleicht sollten wir uns wie die Ameisen auf ein gemeinsames Ziel besinnen, welches wir mit Überzeugung verfolgen können, anstatt Status, Wachstum und Leistungserbringung in einem in sich geschlossenen kapitalistisch orientierten Modell ad absurdum zu führen.

Das Konzept *Status* kennen die Ameisen zwar, aber es wird in der Kolonie nicht für die individuelle Selbstverwirklichung genutzt. Denn *jede* Aufgabe ist wichtig und notwendig, um den Erhalt und Erfolg der Kolonie als Kollektiv zu gewährleisten. Ob fleißige Putzkraft, tapfere Soldatin, umtriebiges Männchen oder fruchtbare Königin: Ohne den wertvollen Beitrag jeder und jedes einzelnen könnte die Kolonie nicht überleben.

Diese ersten praktischen Inspirationen aus der Welt der Ameisen machten mich hellhörig. Haben die weisen Ameisen vielleicht auch für andere Fragen, mit denen wir konfrontiert sind, Antworten parat?

Stauvermeidung

Ich bin am Rückweg von einem Ameisen-Workshop im Waldviertel, einer ländlichen Gegend Österreichs, und stehe mal wieder im Stau des Wiener Stadtverkehrs. Ein ewiges Stop-and-Go. Ich ärgere mich über die Autos, die vor mir hineinschneiden, obwohl ich bewusst einen größeren Sicherheitsabstand zum Vorderauto gelassen habe. Es ist mühsam und ich frage mich, wieso wir für dieses Problem noch keine Lösung gefunden haben. Im selben Moment denke ich an die Ameisen und daran, dass ich auf einer Ameisenstraße noch nie einen Stau beobachtet habe.

Wie machen das also die Ameisen? Zunächst denke ich wieder daran, dass die Ameisen als Kolonie mit einem gemeinsamen Ziel agieren. Staut es sich bei der Arbeit, erkennen die Ameisen darin einen Produktivitätsabfall und entfernen sich – wie beim Tunnelbau. Ist das Ziel jedoch, von A nach B zu kommen, um zum Beispiel Futter zu transportieren, entfernen sich die Ameisen nicht vom Arbeitsplatz, sondern trumpfen mit einer passenden Lösung auf.

Kommen Ameisen an einen Engpass, reduzieren sie zunächst die Geschwindigkeit und passen diese flexibel an die Gegebenheiten an. Hilft das nicht, schließen die Ameisen die Stauroute schlichtweg und suchen nach einer alternativen Strecke. Vielleicht ein Umweg, aber die Ameisenstraße bleibt auf dem neuen Weg immer im Fluss, auch wenn mit einer längeren Wegzeit zu rechnen ist. Die Ameisenkolonie nimmt das in Kauf, denn sie ist durch ihr gemeinsames Ziel geeint, das uns leider oft – und definitiv im Straßenverkehr – fehlt. Durch diese Selbstregulierung reagieren die Ameisen prompt auf sich ändernde Umweltbindungen.

Wenn wir uns also im Straßenverkehr nach dem Vorbild der Ameisen orientieren wollen, müssen wir unsere individuellen Ziele hinterfragen und jedenfalls Abstriche in Kauf nehmen: eine längere Wegzeit – oder natürlich eine Reduktion der Anzahl der Fahrzeuge auf der Straße.

Oder wir finden ein kollektives Ziel, das uns als Gesellschaft vereint und das wir als Gemeinschaft verfolgen. Zum Beispiel uns als Menschheit zu erhalten, und zwar im Einklang mit der für uns lebenswichtigen Natur, als Gruppe, als Schwarm. Vielleicht beginnen wir im Angesicht eines solchen Ziels auch mehr aufeinander zu achten und uns ultimativ selbst zu regulieren. So wie es die Ameisen bereits seit Jahrmillionen tun.

Wo verläuft der optimale Weg von A nach B? Auch in Hinblick auf Stauvermeidung können wir viel von Ameisen lernen.

Ein Algorithmus, inspiriert von der Welt der Ameisen

Ein besonders prominentes Beispiel für die Anwendung selbstregulierender Mechanismen bei Ameisen, die sich auch für Menschen bereits nützlich erwiesen haben, ist der Ameisenalgorithmus. Der Ameisenalgorithmus (auf Englisch Ant Colony Optimization Algorithm oder kurz ACO) wird bei Optimierungsprozessen eingesetzt. Seine Ursprünge finden sich beim Physik-Nobelpreisträger Richard Feynman, der sich schon in den 1940er-Jahren von Ameisen inspirieren ließ. Formell gibt es den Ameisenalgorithmus aber erst seit 1992, als der Wissenschaftler Marco Dorigo die Formel in seiner Doktorarbeit präsentierte.

Die Grundlage des Ameisenalgorithmus liegt in der Suche eines optimalen Pfades von A nach B. Ameisen durchkreuzen ihre Umgebung zufällig auf der Suche nach Futter. Sobald sie eine Nahrungsquelle gefunden haben, markieren sie den Weg zurück zum Nest mit einem Spurpheromon, um ihren eigenen Weg wiederzufinden, aber auch, um Nestgenossinnen zur Nahrungsquelle zu rekrutieren. Der Weg der ersten Ameise zurück zum Nest mag noch etwas holprig und womöglich noch keine gerade Linie sein, aber das macht nichts, denn das gelegte Pheromon ist flüchtig und verdampft nach kurzer Zeit. Nachdem aber immer mehr Ameisen den Weg beschreiten und ihrerseits markieren, ergibt sich mit der Zeit eine möglichst gerade Linie – der optimale Weg – von der Nahrungsquelle zum Nest.

In der theoretischen, mathematischen Anwendung spielt die Verdampfungsrate des Pheromons eine zentrale Rolle. Der erste Lösungsweg mag nämlich noch nicht der beste sein. Das System sucht nach weiteren Wegen und die Verdampfung verhindert, dass sich der Algorithmus zu schnell auf einen – womöglich suboptimalen – Pfad festlegt. Erst wenn ein Weg regelmäßig gefunden wird, also die Erneuerung des Pheromons dessen Verdampfung übersteigt, spuckt der Algorithmus die Route aus. Es ist der optimale Pfad.

Der Ameisenalgorithmus wird in einer Vielzahl praktischer logistischer Probleme angewendet. Zum Beispiel wenn es darum geht, die optimale Route zu finden: im Transport bei der Müllabfuhr, bei der Paketauslieferung oder im öffentlichen Verkehr, in Fertigungsanlagen im Rahmen der Prozessoptimierung, im Kommunikationssystem bei Telefonnetzen oder in der Personalorganisation bei der Einsatzplanung.

Der Ameisenalgorithmus beschreibt die Wegfindung bzw. die Orientierung der Ameisen. Er könnte allerdings nur einer von vielen „Ameisenalgorithmen" sein, denn jede Ameisenart findet unterschiedliche Lösungsmöglichkeiten für Probleme, mit denen sie in ihrem Alltag konfrontiert ist.

Das Studium ihrer Lebensweisen kann also von praktischem Nutzen für uns alle sein. Beobachten, beschreiben und analysieren wir die Methoden der Ameisen, lassen sich daraus womöglich neue Strategien ableiten, um die kleinen und großen Hürden *unseres* Alltags besser zu bewältigen.

Kapitel 6

Camponotus pennsylvanicus

Unsichtbare Dialoge

Anochetus sp.

Temnothorax sp.

Brachyponera chinensis

Cataglyphis nodus

Strumigenys dietrichi

Tetraponera rufonigra

Es ist Hochsommer in Österreich und ich bin an meinem Lieblingsnaturbadesee im schönen Burgenland. Beim Essen ist mir ein kleines Stück Wassermelone unbemerkt heruntergefallen und glänzt nun rosa auf der Picknick-Decke. Ebenfalls nicht bemerkt habe ich die Schwarze Wegameisenarbeiterin, die ihre Runden auf der Decke macht – sie ist auf Futtersuche. Sie entdeckt das Melonenstück. Genau danach hat sie Ausschau gehalten. Prompt verlässt sie den Ort des Geschehens, aber nur, um kurze Zeit später mit Verstärkung zurückzukehren. Schon nach fünf Minuten ist das Melonenstück als solches nicht mehr zu erkennen. Die Ameisen haben es dicht belagert und es zieht sich eine Kolonne von der Decke zu einem nahen Stein – dort ist das Nest. Der Abtransport hat begonnen. Gebe ich den Ameisen etwas Zeit, wird der wuselnde schwarze Klumpen verschwunden sein. Womöglich hätte ich den Einsatz der Ameisentruppe nicht einmal bemerkt.

Um so eine koordinierte Zusammenarbeit zu ermöglichen, ist eine Fähigkeit unerlässlich: eine effiziente und effektive Kommunikation.

Gerüche spielen eine fundamentale Rolle in der Kommunikation unter Ameisen. Diese Art der Kommunikation ist uns Menschen weitgehend fremd. Das liegt daran, dass wir aufgrund unserer ausgeprägten Farb- und Sehschärfe stark visuell ausgerichtet sind und den Rest durch akustische Kommunikation ergänzen. Dennoch kommunizieren auch wir olfaktorisch. Bei der Partnerwahl zum Beispiel ist der Geruch der Liebsten oft etwas, das uns ganz bewusst auffällt. Auch Ausdrücke wie „Ich kann dich nicht riechen“ weisen darauf hin, dass unsere Nase eine Rolle dabei spielt, wie wir mit unserer Umwelt kommunizieren.

Unsere Nase ist mit Rezeptoren in der Schleimhaut ausgestattet, die Informationen aus flüchtigen Substanzen verarbeiten. Was bei uns im Inneren liegt, liegt bei den Ameisen, so wie auch ihr Skelett, außen. Chemische Rezeptoren finden sich bei Insekten in Form von Sensillen. Das sind härchenartige Organe zur Sinneswahrnehmung, die das Außenskelett durchdringen und mit den entsprechenden Nerven zur Reizverarbeitung im Inneren verbunden sind. Die Fühler der Ameisen sind besonders dicht mit diesen Härchen besetzt.

Wenn wir also eine Ameise beim ersten Kontakt mit einem unbekannten Objekt beobachten, ist die erste Reaktion immer ein Betasten mit den Fühlern. Sie schnuppert. Ihre Antennen ermöglichen es ihr, eine Vielzahl an Nachrichten zu empfangen und zu verarbeiten. „Ich habe Nahrung gefunden, folge mir!", „Gefahr! Mach dich kampfbereit!", „Hilf mir beim Graben!", „Ich bin verletzt, heile mich.", „Ich habe Hunger! Füttere mich." Das sind nur einige der Botschaften, die wir uns im Vokabular der Ameisen ausmalen können.

Diese Nachrichten mögen nun etwas banal scheinen und in erster Linie auf das bloße Überleben ausgerichtet sein, aber trotzdem möchte ich mich davor hüten, die Ameisen durch diese einfachen Beispiele als mindere Wesen darzustellen Denn ich glaube, dass eine höhere Komplexität der vermittelten Botschaften unter Ameisen nicht nur möglich, sondern wahrscheinlich ist.

Visitenkarten

Im Inneren einer Ameise befindet sich ein regelrechtes Chemielabor in Form einer Vielzahl von Drüsen, um für jede Botschaft die richtigen „Worte" zu finden. Wir können uns das so vorstellen, dass jede einzelne Ameise eine Visitenkarte bei sich trägt. Und zwar in Form ihres Duftprofils. Dieses Profil „klebt" am Außenskelett und enthält alle Informationen, die bei einer Begegnung wichtig sind: „Hallo! Ich bin eine lebende, erwachsene Ameise und arbeite als Jägerin im Außendienst. Meine Königin heißt Clara und mein Nest befindet sich hinterm zweiten Baum links." Wenn sich zwei Ameisen begegnen, bleiben keine Fragen offen.

Die zwei wichtigsten Informationen sind jedenfalls: Freundin oder Feindin? Und: Ich lebe. Der Verlass der Ameisen auf die Geruchsinformation ist groß. Stellen wir uns vor, eine lebendige Ameise trägt eine „vitale" Visitenkarte, sie ist reinweiß und gut lesbar. Stirbt die Ameise, verwelkt ihr Geruch, die Visitenkarte vergilbt und ist schlecht zu lesen. Ein neuer Geruch dominiert die Identität der Ameise, und in diesem Fall wissen wir sogar ganz genau, welcher das ist: Ölsäure. Dieser Duft kommuniziert unter Ameisen unmissverständlich: Ich bin tot. Diese Nachricht wird ernst genommen. Die Hygienevorschriften im Inneren des Nests sind strikt, und im „Angeruch" der Ölsäure erwacht sofort die Totengräberin in der Ameise und schreitet zur Tat. Die tote Ameise wird abtransportiert und auf dem Müllhaufen, der sich oft im Außenbereich des Nests befindet, entsorgt.

Aber was genau triggert den Abtransport der Ameise? Ist es der Verlust der „weißen" Visitenkarte? Ist es der neue Geruch der Ölsäure? Ist es vielleicht ein fehlendes Verhalten bei der Begegnung? Oder ist es gar nur die plötzliche Immobilität? Dazu lässt sich ein interessantes, aber zugegebenermaßen etwas gemeines Experiment machen.

Wir tropfen einer lebendigen Ameise ein wenig Ölsäure auf den Körper und beobachten die Reaktion. Obwohl die Ameise verantwortungsbewusst ihren Tätigkeiten im Nest weiter nachgeht, reagieren ihre Schwestern sofort. Denn sie empfangen eine eindeutige olfaktorische Information von ihr: Ich bin tot. Und so wird die quietschlebendige Ameise gepackt und auf die Mülldeponie befördert.

Markierte Relikt-Schnappkieferameisen (*Odontomachus relictus*) von zwei verschiedenen Standorten: ein Agressionsexperiment, um zu beobachten, ob sich die beiden Arbeiterinnen bekämpfen oder nicht. Hier findet ihr erster Kontakt statt: mit den Antennen.

Dort besinnt sie sich völlig verwirrt und fragt sich wahrscheinlich, was da gerade passiert ist – und tritt den Rückmarsch ins Nest an. Doch sogleich passiert genau dasselbe. Nun kann sie nur hoffen, dass der an ihr haftende Todesgeruch der Ölsäure beim nächsten Versuch zurückzukehren bereits verflogen ist, denn sonst geht das Spektakel so lange weiter, bis die Visitenkarte wieder ganz weiß ist.

Spuren zur Orientierung

Wenn es um Leben und Tod geht, verlassen sich die Ameisen also blind auf eine Geruchsinformation, ohne andere Umstände einzubeziehen. Das ist aber nicht immer der Fall. Wenn es zum Beispiel um die Orientierung geht, werden auch komplementäre Strategien in Anspruch genommen.

Die chemische Zusammensetzung der Bodenmarkierung durch Spurpheromone unterscheidet sich je nachdem, ob die Markierung nur für den eigenen Rückweg genutzt wird oder ob Nestmitglieder rekrutiert werden sollen. Die Ameisenstraße bezeichnet, wie wir schon gesehen haben, oft den Weg zwischen Futterquelle und Nest, kann aber auch bei einem Nestumzug entstehen.

Die niedergelegten Spurpheromone, die von den einzelnen Ameisen bei jeder Begehung verstärkt werden, dienen den Arbeiterinnen als Hauptorientierungsquelle. Um die Mechanik des Ameisen-Highways hautnah zu erleben, lade ich Sie dazu ein, ein einfaches Experiment durchzuführen: Nähern Sie sich einer Ameisenstraße vorsichtig und hauchen Sie ganz sanft auf die geschäftigen Tierchen. Sie werden die Reaktion der Ameisen sofort merken – nicht etwa, weil sie wild durch die Luft segeln, dann haben Sie zu fest geblasen –, sondern weil sie ganz plötzlich die Orientierung verlieren. Unser Atem hat die klare Geruchsbotschaft, der die Ameisen gefolgt sind, gestört. Der zielgerichtete Pfad zerfällt, die Ameisen irren umher, bis sie nach ein paar Sekunden den Anschluss wieder finden und die Straße als solche erneut erkennbar wird.

Als ich einmal in Borneo eine emsige Straße der kleinen Aenictus-Wanderameise fotografieren wollte, die in bequemer Höhe entlang einer Balustrade verlief, schien jeder Annäherungsversuch meiner Makrolinse vergeblich: Sofort zerstäubte sich die Straße – bis ich merkte, dass es mein Atem war, der die Reaktion auslöste.

So leicht lässt sich also ein Geruchspfad stören. Also besser doppelt absichern! Daher haben manche Ameisenarten ihr Orientierungsarsenal erweitert und achten zum Beispiel auf visuelle Anhaltspunkte ihrer Umgebung. Eine große Wurzel, ein speziell geformter Stein oder ein angeknabberter Grashalm können helfen. Aber auch die Wahrnehmung des Sonnenstands und vor allem von polarisiertem Licht – dessen sich viele Insekten bedienen – helfen bei der Navigation. Polarisiertes Licht entsteht, wenn Lichtwellen in eine bestimmte Richtung ausgerichtet sind, was häufig durch die Streuung von Sonnenlicht in der Atmosphäre geschieht. Ameisen haben spezielle Photorezeptoren in ihren Augen, mit denen sie polarisiertes Licht wahrnehmen können. Das geht auch, wenn der Himmel bewölkt ist oder sie sich in einem dichten Wald befinden. Sogar die Sterne werden bei nachtaktiven Arten – darunter auch eine Wüstenbezwingerin – zur Orientierung herangezogen.

Überlebenskünstlerin der Wüste

Wenn Sie schon einmal Strandurlaub in Griechenland oder Italien gemacht haben, dann sind Sie wahrscheinlich auch einer Ameise begegnet, die ein richtiges Orientierungsgenie ist. Wir sehen die 0,5 bis 1,5 Zentimeter großen Arbeiterinnen meist nur blitzschnell über den brennheißen Sand flitzen: Die Knotige Wüstenameise (*Cataglyphis nodus*) verlässt sich kaum auf olfaktorische Reize, denn die bescheidene Futtervielfalt der trockenen Gebiete, die sie bewohnt, ist nicht gut dafür geeignet. Stattdessen haben Wüstenameisen gelernt, mit dem Wenigen, das ihnen zur Verfügung steht, zu arbeiten.

Wir wissen, dass die Knotige Wüstenameise ein gutes Gedächtnis hat, wenn es um Landmarken geht. Schließlich müssen in kargen Gebieten oft weite Wege zurückgelegt werden, bevor die auf Aas spezialisierte Art ein Mahl für sich und ihre Kolonie entdeckt. Aber welcher genauen Strategie sie sich bedient, war lange nicht bekannt. Aus verschiedenen Beobachtungen ergab sich vor knapp 20 Jahren eine Spekulation: Die Knotige Wüstenameise zählt ihre Schritte! Das mag etwas absurd klingen, aber bedenken Sie: Ist kein Maßband bei der Hand, bedienen wir uns auch gerne dieser simplen, aber effektiven Methode.

Um herauszufinden, ob die Ameisen tatsächlich ihre Schritte zählen, damit sie sich nicht verlaufen und die Entfernung zum eigenen Nest kennen, teilte man Mitglieder einer Kolonie in drei Gruppen. Man verpasste einer Gruppe lange Beine und einer Gruppe kurze Beine. Die dritte Gruppe fungierte als Kontrollgruppe.

Die Hypothese des Experiments war folgende: Durch die erhöhte Schrittgröße der Stelzen-Gruppe würde diese über das Nest hinaus marschieren und den Nesteingang in zu weiter Entfernung suchen. Umgekehrt würde es sich bei der Gruppe mit den verkürzten Schrittlängen verhalten, während die Kontrollgruppe das Nest in der korrekten Entfernung anfinden würde. Und genau so war es auch. Daher wissen wir, dass Wüstenameisen ihre Schritte zählen und somit die Fähigkeit besitzen, Entfernungen gezielt abschätzen zu können.

Trommelwirbel

Auf meinen ersten Erkundungstouren in Borneo, abseits der oft für Touristen großzügig freigelegten und manchmal sogar mit Holzstegen versehenen Wege im Dschungel, machte ich recht bald Bekanntschaft mit einer Pflanze, die im Pflanzendickicht recht unscheinbar ist. Die langen Zweige des vielstämmigen Gewächses dehnten sich oft meterweit aus. Bei der kleinsten Berührung konnte ich sie jedoch nicht mehr übersehen, denn die flexiblen und spindeldünnen Zweige sind dicht mit rücklings gerichteten Dornen besetzt und hatten sich sofort in meiner Kleidung verhakt. Ein Weitergehen war nicht möglich.

Mühsam und im Rückwärtsgang befreite ich mich von den Tentakeln. Während ich das tat, hörte ich plötzlich ein Rascheln. Nichts Ungewöhnliches mitten im dicht verwachsenen Dschungel. Beim zweiten Mal hörte ich es deutlicher. Ich war allein und stand ganz still da. Da war es wieder: ein wellenartiges Geräusch, das ich nicht

Wüstenameisen (*Cataglyphis* sp.) sind wahre Orientierungsgenies. Ihr gutes Gedächtnis hilft ihnen dabei: Sie merken sich Landmarken und Himmelskörper. Um Entfernungen gezielt abzuschätzen zu können, zählen sie sogar ihre Schritte.

einordnen konnte. Schließlich war es unwahrscheinlich, dass hinter mir jemand mit einem Regenstab musizierte. Genau so hörte es sich an: wie ein gleichmäßig rasselndes Geräusch.

Als ich mich umsah, bemerkte ich, wie auf der Pflanze, von deren Ästen ich mich gerade befreit hatte, plötzlich Leben aufkam. Ameisen versammelten sich entlang der Stängel und hatten sofort meine Aufmerksamkeit. Ich bemerkte die zuckenden Bewegungen der sichtlich nervösen Tiere. Was in aller Welt taten sie da? Ich dachte kurz an das mysteriöse Geräusch von eben und berührte die Pflanze nochmal vorsichtig. Da war es wieder! Die Ameisen versammelten sich zahlreicher, das Zucken vermehrte sich. Konnte es sein, dass die Ameisen für den Trommelwirbel verantwortlich waren?

Tatsächlich: Holzameisen (Gattung *Camponotus*) nützen das akustisch günstige Nestsubstrat und trommeln bei Gefahr. Sie verwenden dazu ihren durch das Außenskelett gut geschützten Körper, besonders Kopf und Hinterleib, um damit die Kolonie rasch zu warnen. Jene Holzameisen und die Pflanze, die für das Trommelkonzert im Dschungel verantwortlich waren, waren Teile einer Symbiose. Die Pflanze, von der ich rede, kennen Sie, und zwar nicht aus den Tiefen des Dschungels, sondern aus Ihrem Wohnzimmer: Rattan. Die Rattanpalme gibt der Holzameise ein praktisches Heim in ihrem Inneren, so wie die Kannenpflanze der Tauchameise. Im Gegenzug gibt es Schutzpatrouillen und das eine oder andere Trommelkonzert.

Diese trommelnde Ameise hat übrigens noch keinen Namen. Es handelt sich dabei nämlich um eine neue Art. Aber es haben sich bis dato keine Taxonom*innen gefunden, die Zeit und Ressourcen hatten, diese Art zu beschreiben und zu benennen. Ein häufiges Problem heutzutage: Arbeit gibt es genug, Geld leider kaum. Und so fehlen auch in der Ameisenforschung Fachkräfte. Als Taxonomin habe ich ein Dutzend neuer Ameisenarten unter großem Arbeitsaufwand beschrieben – eine bezahlte Forschungsposition stand jedoch nicht zur Verfügung, und so tat ich diese Arbeit aus Liebe zu den Ameisen gratis. Viele weitere taxonomische Projekte konnte ich aus diesem Grund bis heute nicht abschließen. Eine traurige Realität. Aber in Zeiten des Extrem-Kapitalismus ist kaum Platz für Grundlagenforschung aus global weniger populären Wissenschaftsgebieten wie der Entomologie (Insektenforschung), und so bleibt die Taxonomie, also die Beschreibung und Klassifizierung von Arten, schnell auf der Strecke.

Übersehen wird dabei, dass diese Forschung wortwörtlich elementar ist, da die darauf aufbauende Arbeit meist nicht erfolgen kann. Damit bleiben potenziell bahnbrechende Ergebnisse für die Menschheit – unter anderem im Bereich der Medizin, wo Substanzen aus dem Alltag bestimmter Ameisenarten eine wichtige Anwendung finden können – unentdeckt. So bilden zum Beispiel Symbiosen dreier Ameisenarten mit Pflanzen auf Fiji die Grundlage für Forschungen zu neuen Antibiotika. Das zeigt: Wenn man etwas nicht benennt und beschreibt, um es zu erkennen, ist es schwer, als globale Forschungsgemeinschaft daran zu arbeiten.

Wer klopft?

Die namenlose Holzameise sollte nicht die letzte sein, die mich aus akustischer Sicht in ungläubiges Staunen versetzen würde.

Ich war während eines Aufenthalts in Florida gerade von einer nächtlichen Schnappkieferameisensammeltour zurückgekehrt und sortierte die Ameisen aus meinen Sammelgefäßen in Gipsnester, die ich für weitere Verhaltensstudien bereitgestellt hatte. Als die Plastikbehälter so vor mir standen, beobachtete ich plötzlich, wie eine Relikt-Schnappkieferameise auf einem Stück Papier, nämlich meinem Etikett, das die Sammelstelle auswies, saß und rhythmisch mit dem Körper zuckte. Sie schien regelrecht zu vibrieren. Klopfte sie etwa gegen das Etikett, um Bedrohung zu signalisieren? Aber das konnte doch nicht sein, denn so ein Verhalten war doch nur von Holzameisen und ihren nahen Verwandten bekannt. Oder doch nicht?

Sofort startete ich auch hier ein Experiment, um das Verhalten zu dokumentieren. Ich öffnete den Behälter – Schnappkieferameisen können zum Glück nicht gut klettern – und versetzte dem Gefäß einen sanften Rüttler. Dadurch simulierte ich Bedrohung. Da war sie auch schon wieder: eine Ganzkörpervibration, und diesmal war auch das dadurch erzeugte Trommelgeräusch gut hörbar.

Nach erfolgreicher Video-Dokumentation dieses Verhaltens kontaktierte ich einige Kolleg*innen mit der Frage, ob sie so etwas schon mal beobachtet hatten, denn aus der Literatur war nichts bekannt. Da mir niemand weiterhelfen konnte, beschloss ich, mich an einen der prominentesten Ameisenexperten und Co-Autor des 1990 mit dem Pulitzerpreis prämierten Buchs *The Ants* zu wenden: Dr. Bert Hölldobler. Er antwortete mir prompt und bestätigte meine Vermutung. Das Verhalten war nur aus der Holzameisen-Verwandtschaft bekannt – somit hatte ich eine große Entdeckung gemacht.

Leider reiht sich auch diese Beobachtung, gemeinsam mit der Bauchkraul-Vorliebe der Schnappkiefer-Männchen und deren Nestarchitektur in die Liste spannender Observationen, die ich aufgrund von Ressourcenknappheit bis dato nicht weiter verfolgen konnte. Ein Fluch, aber auch ein Segen, denn ein Leben als Ameisenforscherin wird niemals langweilig.

Kompliziert und einfach

Bei den Kommunikationsmethoden der Asiatischen Nadelameise (*Brachyponera chinensis*) kennen wir uns allerdings schon etwas besser aus: Findet sie eine Nahrungsquelle und benötigt Hilfe bei der Erschließung, marschiert sie zurück zum Nest und schnappt sich die erste Arbeiterin, die ihr begegnet. Diese hebt sie kurzerhand auf und trägt sie zum Zielort. Dort wird die kooperierende Schwester wieder losgelassen und versteht die Message sofort: Hier gibt es Futter, hilf mir, es nach Hause zu bringen. Das tut sie, und um den erneuten Weg nicht mit leeren „Händen" anzutreten, schnappt sie sich kurzerhand eine weitere Arbeiterin. Gemeinsam geht es schließlich schneller: eine simple, aber effektive Methode.

Diese Technik wendet auch die Bucklige Querfleck-Schmalbrustameise (*Temnothorax albipennis*) an, allerdings nur, wenn es mal flott gehen muss. Bei weniger dringlichen Entscheidungen geht es zivilisierter zu. Es wird abgestimmt: Soll der Nestplatz gewechselt werden oder nicht? Statt mit Wahlzettel und Wahlkabine ergibt sich das Votum aus den Berührungen der Ameisen untereinander. Berührt man sich im Nest zu oft, so ist für alle klar, dass ein Upgrade ansteht. Sobald die Mehrzahl der Ameisen dieser Überzeugung ist, starten die Vorbereitungen. Kundschafterinnen ziehen los und suchen nach einem geeigneten Standort. Findet eine Ameise einen guten Platz, kehrt sie zur Kolonie zurück und rekrutiert eine Nestgenossin. Sie signalisiert ihr: „Folge mir!" Die beiden Ameisen machen nun einen „Tandemlauf", indem sie dicht hintereinander herlaufen. Erreicht die rekrutierte Ameise den vorgeschlagenen Neststandort, inspiziert sie ihn und entscheidet, ob sie ihn ebenfalls gut findet. Ist sie einverstanden, bleibt sie – andernfalls tritt sie den Rückweg zum alten Nest wieder an. Dort wird sie nach kurzer Zeit an einen neuen Standort rekrutiert und das Spiel geht von vorne los. Ist der gewählte Nestplatz gut, finden sich sukzessive immer mehr Ameisen dort ein. Die Entscheidung gilt als getroffen, wenn eine kritische Masse erreicht ist, die wieder anhand der Berührungen am neuen Standort gemessen wird. Der Teil der Kolonie, der noch nicht vor Ort ist, zieht dann im Sinne der demokratischen Mehrheitsentscheidung mit.

Wie wir Menschen kommunizieren Ameisen also nicht nur über komplexe akustische, geografische oder olfaktorische Methoden, sondern bedienen sich auch scheinbar ganz rudimentärer, oft taktiler Techniken, wenn es darum geht, sich gegenseitig oder den

Schwarm zu aktivieren. Wir stupsen uns an, berühren und streicheln unsere Mitmenschen – und wenn die Message mal schnell und klar rüberkommen soll, bekommen (oder verteilen) wir auch mal den einen oder anderen Tritt unterm Tisch: Das, was du da tust, passt mir nicht!

Kommunikation geht bei Ameisen aber auch durch den Magen. So geht die Trophallaxis – der soziale Essensaustausch – über den naheliegenden Grund der Nahrungsversorgung hinaus. Die Ameisen teilen nicht nur die im sozialen Magen gespeicherte Nahrung, sondern können mit ihrem Speichel auch ein bisschen von „ihrem Senf dazugeben". Im Speichel befinden sich neben Substanzen zur Immunabwehr nämlich auch Wachstumshormone, die die Entwicklung der Larven anregen. Wie viele dieser Wachstumshormone die Ameise der herausgewürgten Nahrung hinzufügt, entscheidet sie autonom. Damit kann sie also über das Entwicklungstempo der nächsten Generation mitentscheiden.

Die Fähigkeit, effektiv miteinander zu kommunizieren, ist ein essenzieller Bestandteil des gemeinschaftlichen Lebens einer Ameisenkolonie. Dabei werden demokratische Prinzipien und Mitbestimmung großgeschrieben. Obwohl sich die Tiere verschiedener Kommunikationsmethoden – untereinander und mit ihrer Umwelt – bedienen, spielen Gerüche bei vielen Arten eine zentrale Rolle.

Rasenameisen (Gattung *Tetramorium*) weisen oft nur bescheidene morphologische Unterscheidungsmerkmale auf und sind daher manchmal schwer auf Artniveau zu identifizieren. Hier trägt eine Arbeiterin der Pazifischen Rasenameise (*Tetramorium pacificum* complex) ihre Nestgenossin womöglich zu einer Futterquelle, um sie dorthin zu rekrutieren.

Kapitel 7

Odontoponera denticulata

Abwehr & Angriff – das Arsenal der Ameisen

Brachymyrmex depilis

Myrmica rubra

Cephalotus atratus

Pseudomyrmex sp.

Linepithema humile

Camponotus sp.

Die riecht ja wie Essig! Ich halte eine Rote Waldameise (*Formica rufa*) vorsichtig unter die Nase einer erstaunten Workshopteilnehmerin. Wir befinden uns im Nationalpark Kalkalpen, wo ich einen Ameisentag für Ranger*innen und Naturinteressierte veranstalte.

Die Ameise windet sich im Angesicht der durch meinen sanften Griff ausgelösten Immobilität. Angriff!! Sie macht sich bereit, ihr Verteidigungsarsenal zu mobilisieren – und dabei spielt ihr Hinterleib eine wichtige Rolle. Dort befindet sich an der Stelle, wo wir einen Stachel vermuten könnten, eine kleine, von einem auffälligen Haarkranz gesäumte Öffnung: die *Acidopore*. Ein Fachausdruck aus der Ameisenanatomie und die Geheimwaffe der Waldameise.

Wir beobachten sie genau. Sie streckt uns den Hinterleib direkt entgegen und plötzlich: Zisch! Ein Spritzer Ameisensäure tritt aus der Acidopore und zielt in unsere Richtung. Fast hätte sie mich am Auge erwischt! Sofort verstärkt sich der säuerliche Geruch in der Luft. Faszinierend. Mittlerweile ist auch mein Finger mit einigen Tropfen Ameisensäure benetzt, aber das macht nichts. Unsere Haut bietet in den meisten Fällen eine ausreichende Schutzbarriere gegen die ätzende Flüssigkeit. Darin baden sollte man allerdings nicht.

Ich halte die Ameise so, dass sie mich weder zwicken noch mir entwischen kann. Ihr Plan ist es nämlich, mir einen Biss zuzufügen, und zwar nicht, um mich damit maßgeblich zu verletzen, sondern um ihre Geheimwaffe einsetzen zu können. Ein Spritzer Ameisensäure in eine offene Wunde brennt nämlich ganz schön. Genau das ist die Verteidigungsstrategie der Waldameise: Sie verletzt ihre Gegner mit einem Biss zunächst nur leicht und sprüht dann ihr

Gift, das zu einem großen Teil aus Ameisensäure besteht, in die Wunde. Äußerst effektiv! Das können vermutlich alle bezeugen, die beim Picknick im Wald den Ameisenhügel in unmittelbarer Nähe des Sitzplatzes übersehen haben. Autsch.

Ameisensäure wurde erstmals im 15. Jahrhundert aus einer Kolonie Roter Waldameisen isoliert und als chemischer Stoff dokumentiert. Die chemische Industrie bezeichnet Ameisensäure als „Allrounder". Die wertvolle Säure hat eine Vielzahl praktischer Anwendungen – und zwar in den unterschiedlichsten Bereichen.

Zum Beispiel wirkt Ameisensäure antibakteriell und kann zur Lebensmittelkonservierung und als Desinfektionsmittel eingesetzt werden. Medizinisch relevant ist Ameisensäure bei der Behandlung von Rheuma und Warzen. Die Honigbiene wird damit von der für sie schädlichen Varroamilbe befreit. Aber auch andere Schädlinge in der Landwirtschaft können mit Ameisensäure behandelt werden.

Nahansicht der Hinterleibsspitze einer Kahlrückigen Waldameise (*Formica polyctena*): Die Öffnung, aus welcher der Ameisensäure-Cocktail rausspritzt, ist von einem Haarkranz umgeben und in der Mitte des Bildes teilweise sichtbar. Sie wird *Acidopore* genannt. Erkennbar ist auch die schuppenartige Mikroskulptur der *Cuticula*, die großen als *Borsten* bezeichneten Härchen sowie die feinen Härchen, genannt *Pubeszenz*.

Weitere Anwendungen reichen von der Genetik bei der Herstellung von Enzymen über die Kunststoffindustrie zum Verkleben von Polyamiden, die Textil- und Lederindustrie, wo die Säure zum Beizen und Imprägnieren verwendet wird, die Elektronikproduktion, bei der die Säure als Reduktionsmittel beim Lötprozess zum Einsatz kommt, bis hin zu professionellen Reinigungsverfahren zur Entkalkung von Kühlwassersystemen und zum Säubern von Rohedelsteinen.

Ist Ihre Handybatterie mal wieder zu schnell leer? Womöglich werden Ameisen dieses Problem in Zukunft lösen! Es könnte bald eine Ameisensäure-Brennstoffzelle geben, die Anwendung als Batterie in Kleinelektrogeräten finden würde.

Ameisensäure ist aus unserem Leben nicht mehr wegzudenken und wird mittlerweile auch synthetisch hergestellt. Ohne die „kleine" Rote Waldameise wäre diese Entdeckung nicht möglich gewesen.

Das Sprühen von Ameisensäure ist nur eine der Verteidigungsstrategien aller Ameisenarten weltweit, die in vier Unterfamilien eingeteilt sind. Jede dieser Gruppen verfügt über eine andere Methode. Das Verständnis ihrer Abwehrmechanismen gehört für mich zum intimen Kennenlernen der Tiere und dient darüber hinaus oft zur Bestimmung von Arten. Manchmal lernt man sich eben besser kennen, wenn man miteinander streitet – das ist ja bei uns Menschen auch oft so!

Wenn du kämpfst, weiß ich, wer du bist

Die Acidopore, die integrierte Ameisensäure-Sprühdose, ist ein Merkmal, an dem wir gleich ca. 3.200 Ameisenarten als Mitglieder der Ameisenunterfamilie *Formicinae* oder *Schuppenameisen* erkennen können. Der Begriff leitet sich aus dem lateinischen Wort für Ameise – *formica* oder *formicula* – ab. Als aufmerksam Lesende mag Ihnen zudem aufgefallen sein, dass die Gattung der Waldameisen ganz unkreativ „*Formica*" heißt: Ameise. Das liegt daran, dass die erste Ameise, die überhaupt jemals beschrieben und benannt wurde, und zwar 1758 von Carl Linnaeus, eine Rote Waldameise (*Formica rufa*) war.

Verfügt nun jede Ameise über Ameisensäure? Nein, aber jede Ameise verfügt über einen Giftcocktail, den sie zur Verteidigung nützt. Im Fall der Unterfamilie der Schuppenameisen besitzt dieser markante Duftnoten, die je nach Art von säuerlich essigartigen bis hin zu wohlriechenden Citronella-Gerüchen reichen.

Aber es gibt bei den Ameisen olfaktorisch noch mehr zu entdecken. Wenn Sie mit mir auf Ameisensuche unterwegs sind, kann es vorkommen, dass ich eine Ameise nehme, an ihr rieche und dann sage: „Oh, eine Argentinische Ameise!“ Sie riecht scharf, wie ein feiner Gorgonzolakäse. Die Argentinische Ameise gehört zur Unterfamilie der *Drüsenameisen* (*Dolichoderinae*), welche „nur“ ca. 700 Arten stark ist. Ihre Mitglieder bedienen sich zur Verteidigung oft stark duftender Ausscheidungen. Ich sage hier bewusst nicht „immer“, denn bei 15.000 Ameisenarten gibt es fast zu jeder Regel eine Ausnahme.

Der Geruch von Drüsenameisen der Gattung *Tapinoma* (linke Seite) erinnert an Edelschimmelkäse. Auch die mit ihnen verwandten Pyramidenameisen der Gattung *Dorymyrmex* (rechte Seite) lassen sich leicht an ihrem Geruch erkennen – und sie bauen hübsche, halbmondförmige Sandhügel um ihr Bodennest.

Drüsenameisen in der Gattung *Tapinoma*, zu der die bei uns vorkommende Dunkle Drüsenameise (*Tapinoma erraticum*) und die prominente amerikanische Zuckerameise („sugar ant") *Tapinoma sessile* zählen, lassen sich oft gut an ihrem nach Edelschimmelkäse duftenden Geruch erkennen. Die Argentinische Ameise (*Linepithema humile*) riecht ähnlich, aber es dominieren schärfere Noten, die versierte Myrmekolog*innen zur Artbestimmung nutzen können. Die Pyramidenameisen (Gattung *Dorymyrmex*) mit den hübschen halbmondförmigen Nestkratern in Florida gehören ebenfalls in diese Unterfamilie und lassen sich auch für einen Laien am Geruch erkennen. Die weiteren vielfältigen Gerüche der Drüsenameisen erschließen sich mir erst langsam, daher kann ich Ihnen sagen: Es lohnt sich, an einer Ameise zu riechen! Erzählen Sie mir davon!

Stachel und Schmerz

Beim Gedanken, eine Wespe oder eine Biene mit der Hand zu packen, blicken Sie mich wahrscheinlich völlig entsetzt an: Vorsicht! Die kann stechen! Eine natürliche Reaktion und völlig richtig. Fast alle Bienen und Wespen besitzen einen funktionstüchtigen Stachel, der mit der entsprechenden Drüse verbunden die schmerzhafte Injektion einer Dosis Gift ermöglicht.

Auch Ameisen haben den gefürchteten Stachel. Vielleicht ist Ihnen schon mal eine „böse rote Ameise" bei der Gartenarbeit begegnet? Davon höre ich oft. Ja, diese Ameisen gibt es, allerdings fällt es mir schwer, sie als „böse" zu bezeichnen. Oft ist mit der Beschreibung die Rote Knotenameise (*Myrmica rubra*) gemeint, die einer weiteren Unterfamilie angehört: den *Knotenameisen* oder *Myrmicinae* – diesmal leitet sich der Begriff vom altgriechischen Wort für Ameise (*myrmex*) ab. Mit ca. 6.700 Arten ist sie die artenreichste Gruppe der Ameisen, und alle Mitglieder verfügen über den berühmt-berüchtigten Stachel.

Da meine Liebe zu Ameisen kaum Grenzen kennt, ziere ich mich praktisch nie davor, eine mir unbekannte Ameise zu fassen, um sie näher in Betracht nehmen zu können. So war es auch mit einer besonders hübschen Ameise, die mir regelmäßig auf meinen nächtlichen Ausflügen im bornesischen Dschungel begegnete. Der Körper der Dreidornigen Urameise (*Pseudoponera tridentata*) ist mit Punkten und Längsstreifen strukturiert. Ihr schwarzer Körper bietet einen optisch ansprechenden Kontrast zur orange gefärbten Hinterleibsspitze der stattlichen Ameise von fast zwei Zentimetern Länge. Drei kleine Dornen am Petiolus verleihen ihr den Namen. Ein wirklich schönes Tier. Und so packte ich sie. Und biss sogleich die Zähne zusammen und ließ sie wieder los. Wow, das tat weh! Ein scharf stechender Schmerz, als hätte mich eine Messerklinge erwischt.

Die Ameise gehört zur vierten und letzten der großen Ameisen-Unterfamilien: den *Urameisen* oder *Ponerinae*, deren ca. 1.200 Arten allesamt mit einem Stachel ausgestattet sind. Die Dreidornige Urameise besprüht ihre Gegner nach dem Stich zusätzlich mit einem giftigen Schaum, wie ich später herausfand. Bei der nächsten Begegnung hielt ich einen respektvollen Abstand ein.

In derselben Unterfamilie befindet sich übrigens auch die prominente 24-Stunden-Ameise („bullet ant", übersetzt „Projektilameise"). Der Name lässt den Schmerz ihres Stichs bereits erahnen. Ein Stich des bis zu drei Zentimeter großen Tiers, das nur in den Tropen in Mittel- und Südamerika vorkommt, kann körperlich schwere Konsequenzen haben und der Schmerz kann bis zu 24 Stunden andauern. Laut Schmidt Sting Pain Index besitzt die 24-Stunden-Ameise den schmerzhaftesten Stich aller Insekten. Justin Schmidt, der Urheber dieser Skala, beschreibt den Stich folgendermaßen: „pure, intense, brilliant pain ... like walking over flaming charcoal with a three-inch nail embedded in your heel." Auf Deutsch: „purer, intensiver, brillanter Schmerz ... als würde man über glühende Kohlen laufen, während einem in der Ferse ein drei Zentimeter langer Nagel steckt."

Wenn sich eine Ameise für unser Empfinden besonders schmerzhaft verteidigt, so tut sie das in den meisten Fällen mit ihrem Stachel – ein Attribut, das übrigens ausschließlich den Weibchen einer Art vorbehalten ist. Der Stachel hat sich aus dem Legebohrer, dem Apparat zur Eiablage, entwickelt, und darüber verfügen Männchen ja bekanntlich nicht.

Ein brasilianisches Ureinwohnervolk bedient sich der 24-Stunden-Ameise bei einem für manche grotesk wirkenden Ritual, mit dem junge Männer in den Stamm initiiert werden. Gleich mehrere Ameisen werden mit dem gefährlichen Hinterleib nach innen in eine Art Handschuh eingeflochten. Dieser muss dann – Sie können es sich bereits denken – angezogen werden.

Dabei ist die 24-Stunden-Ameise eigentlich gar nicht aggressiv. Bei unserer ersten Begegnung in Costa Rica empfand ich sie als friedlich und neugierig, ja direkt gesellig. Trotzdem stellt diese Ameise die einzige Ausnahme meiner „Wenn-es-eine-Ameise-ist-dann-pack-ich-sie"-Regel dar. Bei Injektion einer vollen Dosis konnte mir ein Aufenthalt im Bett mit Fieber bevorstehen, sofern ich keine allergische Reaktion zeigte, die weit schwerere Folgen haben konnte. Ich hatte auf dieser Forschungsreise sehr wenig Zeit, wollte daher kein Risiko eingehen. Und so machte ich bei der Projektilameise eine Ausnahme und betrachtete ihr sanftes Gemüt aus etwas weiterem Abstand, als es sonst für mich üblich ist.

Feuer frei

Obwohl durchaus schmerzhaft, ist der Stich einer Ameise in den meisten Fällen nicht lebensbedrohlich, außer natürlich, es entsteht die gefürchtete allergische Reaktion, die bei fast jedem Inhaltsstoff, Ameise oder nicht, möglich ist. Es gibt allerdings neben der 24-Stunden-Ameise einige Ausnahmen, vor denen man sich in Acht nehmen sollte, wenn man weiß, dass man zu einer vulnerablen Gruppe zählt. Die Rote Feuerameise (*Solenopsis invicta*) ist so eine Ausnahme.

Ich traue mich zu sagen, dass diese Ameise wohl *allen* Einwohner*innen der südlichen USA ein Begriff ist, denn die Rote Feuerameise hat dieses Gebiet praktisch überrannt. Sie fühlt sich in von Menschen geschaffenen oder eher von Menschen gestörten Lebensräumen pudelwohl und dringt auch in neue Gebiete vor. Vor kurzem wurde sie aus Europa gemeldet. In ihrem Verbreitungsgebiet dezimiert die ursprünglich aus Überflutungsgebieten in Südamerika stammende Ameise heimische Arten im Rekordtempo. *Invicta* bedeutet passenderweise *unbesiegt*.

Aber dieses Vernichtungspotenzial ist nicht der Hauptgrund ihres Bekanntheitsgrades – vielmehr ist es ihr Verteidigungsmechanismus. Ihr Stich schmerzt nicht nur unheimlich, sondern kann im Extremfall eine lebensgefährliche Reaktion auslösen. Daher ist bei Kindern und gefährdeten Menschen Vorsicht geboten, denn das Feuerameisennest gestaltet sich weniger imposant als der leicht zu sichtende Waldameisenhügel. Es besteht aus einem bewohnten Erdhügel, dessen Einwohnerinnen bei der kleinsten Störung zu einem aggressiven Gewimmel mutieren.

Glücklicherweise können Sie eine Rote Feuerameise – ein Mitglied der zweiknotigen Myrmicinae-Unterfamilie – leicht an ihrem Aussehen von anderen Ameisen unterscheiden. Ihr Körper glänzt rötlich, besitzt keine Dornen und die Arbeiterinnen sind polymorph: Es gibt, wie bei den Blattschneiderameisen, verschiedene Größen. Wenn die Tierchen allerdings gerade an Ihrem Bein hochkrabbeln, kommt diese Erkenntnis womöglich zu spät.

Als ich für mein Doktorat gerade frisch in den Süden der USA gezogen war, klärte man mich sehr bald über die Feuerameisen auf. Man sagte mir, sie seien besonders schlau, denn sie stechen nicht sofort, sondern warten, bis eine kritische Masse den Angriffsort – also z. B. mein entblößtes Bein – erreicht hat und geben erst dann den Startschuss zum Stich, um maximale Leistung zu erzielen. Das klang zwar einleuchtend und beeindruckend, jedoch fand ich bald heraus, dass es sich dabei um ein Ammenmärchen handelte. Womöglich, um die Aggressivität und Verletzungsgewalt der Ameisen im Angriff zu verdeutlichen. Tatsächlich *scheint* der Schmerz nur so, als würden alle Angreiferinnen zugleich zustechen. Jede sticht, sobald sie einen passenden Platz gefunden hat, an dem sie sich mit ihren Mandibeln gut an der Haut festhalten kann, um den Stachel gekonnt zu platzieren. Der Biss verletzt die Haut dabei meist kaum.

Obwohl die Invasion der Feuerameise umfangreiche ökologische und ökonomische Schäden verursacht, mag ihre Gefahr für den Menschen auch eine Rettung sein. Das Gift der Feuerameise ist eine humanmedizinisch relevante Substanz, deren Anwendungsgebiete derzeit untersucht werden. Aktuell beschäftigt sich die Forschung damit, wie es bei der Behandlung von Tumoren und Neoplasmen sowie bei der Reinigung von Knochenmark für Transplantationen eingesetzt werden kann.

Das Verteidigungsarsenal der Ameisen ist also vielfältig und jede der vier großen Unterfamilien hat sich daraus unterschiedlich bedient: Die Schuppenameisen (Formicinae) sprühen Ameisensäure, die Drüsenameisen (Dolichoderinae) sondern ein für ihre Feinde giftiges Sekret ab, und sowohl die Knotenameisen (Myrmicinae) als auch die Urameisen (Ponerinae) benützen einen Stechapparat. Manche dieser Strategien können für uns Menschen schmerzhaft sein, einige wenige sogar gefährlich, aber der Großteil ist völlig harmlos. In der Regel gilt: Keine Angst vor Ameisen!

Woran man eine Rote Feuerameise erkennt

Solenopsis invicta

Dornige Chancen

Herbert Zettel schob mir das präparierte Ameisenexemplar unter das Binokular. Ich legte meine Augen an die Gucklöcher und starrte ungläubig auf die Ameise vor mir. Am Körper der Ameise befanden sich drei Dornenpaare. Das eindrucksvollste Paar lag am Petiolus und erstreckte sich senkrecht in die Höhe, fast doppelt so hoch wie die Ameise selbst. An der Spitze bogen sich die spitz zulaufenden Dornen jeweils nach außen. Das Tier sah unecht aus, als hätte ein Karikaturist beim Porträtieren etwas übertrieben.

Wozu in aller Welt dienten diese riesigen Dornen? Wie konnte sich ein dermaßen absurdes Merkmal entwickeln? Und welchen Vorteil mochte es bieten? Ein so imposantes Körperteil musste der Ameise einen klaren *Fitness-Vorteil* geben, sonst hätten evolutionäre Mechanismen es längst ausrangiert. Ein Fitness-Vorteil liegt üblicherweise in einem der folgenden drei Bereiche vor: Paarung, Nahrungsbeschaffung oder Verteidigung. Aber was könnte der Vorteil dieser Dornen sein? Die Fragen formten sich unwillkürlich in meinem Kopf. „Na, was sagst du dazu?", fragte mich Herbert. Sein Blick verriet etwas Stolz, denn er wusste, dass er mir etwas Beeindruckendes gezeigt hatte. Ich war sprachlos.

Zu diesem Zeitpunkt – vor meiner ersten Reise nach Guatemala – kannte ich exotische Ameisen nur aus Museumssammlungen, aber sowas hatte ich noch nie gesehen. Es handelte sich um eine Widerhaken-Ameise (oder „fish hook ant", zu Deutsch „Fischhakenameise"). Diese kommen in tropischen Regionen Südostasiens vor und bezeichnen eine Artengruppe der Stacheligen Ameisen (*Polyrhachis bihamata*-Gruppe), die gleich mehrfach widerhakenförmige Dornen am Körper tragen.

Als ich die Ameise betrachtete, wurde mir zum ersten Mal bewusst, dass ich die Tropen bereisen *musste*, denn *das* musste ich live sehen. Und um zu verstehen, wie so ein Tier überhaupt existieren konnte. Da mir Herbert nicht weiterhelfen konnte, durchkämmte ich die Literatur nach Antworten auf meine brennenden Fragen nach der Funktion der Dornen, aber ich fand nichts.

Ein Jahr später befand ich mich zum ersten Mal im Gunung Mulu Nationalpark der Insel Borneo. Ich hatte eine mentale Liste der Ameisenarten, die hier vorkamen und die ich unbedingt persönlich treffen wollte. Und da war die Widerhaken-Ameise natürlich ganz oben auf meiner Liste.

Ich wusste wenig über ihre Lebensweise, und so gestaltete sich die Suche schwierig. Zumindest wusste ich, dass die Ameisen *arborikol* waren – also auf Bäumen lebend. Keine besonders erfolgversprechende Information, denn der Großteil der Bäume hier war mindestens zehn Meter hoch und somit war eine Begegnung mit deren Bewohnerinnen reine Glückssache. Eine außertourliche Beutesuche entlang des Stammes gen Boden war noch das beste Szenario, außer ein Tier wurde zufällig vom Winde verweht.

Ich vermute, zweiteres war der Fall, als ich die hölzernen Stege, die durch das unwegsame Gelände des Nationalparks gebaut waren, entlang ging und plötzlich etwas golden Glänzendes am Handlauf erspähte. Ich näherte mich und hielt sogleich den Atem an – da war sie! Tatsächlich, eine Widerhaken-Ameise. Es war die Ypsilon-Widerhaken-Ameise (*Polyrhachis ypsilon*), die sich leicht durch ihre Y-förmig auseinanderklaffenden Petiolus-Dornen erkennen ließ. Ihr Körper war mit golden schimmernden Härchen bedeckt. Ein Schmuckstück. Sofort war ich im Fangmodus, denn mir war bewusst, dass die nächste Begegnung auf sich warten lassen konnte. Volle Konzentration ... und ich hatte sie gepackt! Autsch! Was war denn das? Kein großer Schmerz, aber ich spürte, wie sich die Ameise in der Haut meiner Finger festgehakt hatte. Loslassen war nicht möglich. Sie hing an mir fest. Und ich frohlockte! Wow! Diese Dornenfunktion hatte ich bei Betrachtung des Museumsexemplars nicht vermutet. Die Dornen fungierten wirklich wie ein äußerst effektiver Widerhaken.

Damit war meine wissenschaftliche Neugierde endgültig geweckt und ich war entschlossen, den Nutzen der Haken aufzudecken. Einen Paarungsvorteil konnte ich bei der sterilen Arbeiterinnenkaste ausschließen. Diese paarten sich ja nicht, und obwohl die Königin dieser Art auch über Dornen verfügte, waren diese bei weitem nicht so imposant wie die der Arbeiterinnen. Somit vermutete ich den Vorteil bei Futtersuche oder Verteidigung. Als sich Bilder von Shishkebab-Spießen am Rücken der Ameise in meinem Kopf bildeten, beschloss ich, auch Futtersuche zu verwerfen. Verteidigung also.

Wer frisst Ameisen?

Welche Feinde haben Ameisen eigentlich? Ich hielt einen Moment inne und merkte, dass ich mir etwas unsicher war. Ok, der Ameisenbär. Die blaue Louise. Na klar. Aber in Borneo gab es keine Ameisenbären ... Aber ich hatte unter den Einheimischen mehrmals von einem „ant eater“ (Ameisenfresser) gehört: dem Pangolin. Das Schuppentier war tatsächlich auf Ameisen spezialisiert, aber galt als extrem selten und stand unter strengem Naturschutz.

Das konnte doch nicht alles sein? Ich überlegte weiter und verfasste folgende Liste: Reptilien (z. B. Eidechsen), Amphibien (z. B. Frösche/Kröten), Vögel, andere Ameisen, Insekten und Spinnen. Mein Ziel war es, ein Experiment mit der Ypsilon-Widerhaken-Ameise durchzuführen – aber dafür musste ich eine würdige Antagonistin für sie wählen.

Meine Hypothese war simpel: Die Widerhaken-Dornen erschweren das Schlucken der Ameise. Die Ameise bleibt der Feindin wortwörtlich im Hals stecken. Vielleicht wird sie wieder herausgewürgt, vielleicht verendet der Fressfeind daran. Das würde einen klaren evolutionären Vorteil der Ameise darstellen und die Präsenz der seltsamen Dornen, die ich mir im Alltag der Ameise sonst nur als hinderlich vorstellen konnte, erklären.

Schlussendlich entschied ich mich, auf ein Reptil zu setzen. Auf Borneo gab es kleinere Geckoarten wie die Asiatischen Hausgeckos (*Hemidactylus frenatus*), die meist in der Nähe einer Lampe auf Falter und andere vom Licht desorientierten Insekten lauerten. Perfekt! So einen fing ich ein und setzte ihn in ein rechteckiges Plastikgefäß, in das ich ebenso ein Exemplar der Widerhaken-Ameise platzierte. Dann hieß es warten und beobachten. Ich starrte auf die Tiere und wartete darauf, dass der Gecko in Angriffsstellung gehen, die Ameise fangen und sogleich zu husten beginnen würde. Oder so ähnlich.

Aber wie so oft bei einem ersten Experiment, passierte … gar nichts. Der Gecko ignorierte die Ameise, die Ameise ignorierte den Gecko. Nach mehreren Versuchen gab ich auf. Offenbar standen Widerhaken-Ameisen nicht auf dem Speiseplan dieses Geckos. Oder er war gerade nicht hungrig. Oder der Gecko hatte bereits erfolgreich gelernt, die Ameise zu meiden. Es gab viele Möglichkeiten. Und obwohl meine Neugierde groß und ungestillt war, hatte ich auf dieser Reise keine Zeit, ein Experiment zu organisieren, für das ich verschiedene Reptilien- und Amphibienarten würde fangen müssen, um eine ganze Reihe von unterschiedlichen Versuchsanordnungen durchzuführen.

Die Ypsilon-Widerhaken-Ameise (*Polyrhachis ypsilon*) lässt sich gut an ihren Y-förmig auseinanderklaffenden Petiolus-Dornen erkennen.

Manchmal ist es schön, Teil einer größeren Forschungsgemeinde zu sein, denn die Antwort auf meine Forschungsfrage erfolgte im Jahr 2016 – und zwar von einer in Japan ansässigen Forschungsgruppe, die die entsprechenden Experimente mit einer lokal vorkommenden Widerhaken-Ameise durchgeführt hatte. Der Japanische Baumfrosch (*Hyla japonica*) macht dort nämlich Jagd auf Ameisen. Widerhaken-Ameisen meidet er; werden die Dornen jedoch entfernt oder handelt es sich um eine Königin, deren Dornen ebenfalls reduziert sind, lässt er sich vom Schlemmen nicht abhalten. Das Rätsel war gelöst!

Ich könnte explodieren!

Bei den Ameisen der *Colobopsis cylindrica*-Artengruppe wird im Ernstfall zu drastischeren Mitteln gegriffen. *Colobopsis explodens*, eine nur in Südostasien vorkommende Ameisenart, wird auch Explodierende Ameise genannt und hat eine einzigartige Verteidigungsmethode entwickelt, gegen die Widerhaken und Dornen harmlos scheinen.

Erspäht eine „Kamikazeameise" ein feindliches Tier, gilt das Credo: Die Kolonie muss um jeden Preis geschützt werden. Und für diesen Schutz ist sie bereit, ihr Leben zu opfern. Sie trägt nämlich eine Giftbombe in ihrem Körper.

Um die todbringede Explosion zu ermöglichen, heftet sich eine Arbeiterin an den ungebetenen Gast – und explodiert. Obwohl diese Explosion mehr einem leisen „Plopp!“ als einem lauten „Bämm!“ ähnelt, ist sie deswegen nicht weniger beeindruckend. Eine gelbliche Flüssigkeit platzt aus dem Inneren der Ameise und verteilt sich auf dem Eindringling. Die Drüsensäcke mit der giftigen Lösung befinden sich im Hinterleib.

In Borneo begegnete ich oft Insekten, die offensichtlich eine Ameisenexplosion hinter sich hatten. Sichtlich geschwächt, humpelten diese Tiere meiner Kameralinse entgegen. Teilweise fehlte schon ein Teil des Körpers. Ebenso fand ich Ameisen mit zerplatzten Köpfen und Körpern vor, die diese Angriffe wohl getätigt hatten. Ein erneuter Versuch von bereits Gezeichneten, in die Nähe eines Nests der Explodierenden Ameisen zu gelangen, scheint nach so einem Angriff unwahrscheinlich. Viele Tiere überleben die Attacke nicht und somit wird der Auslöser des ursprünglichen Annäherungsversuchs (womöglich Neugierde) auch nicht an die Nachkommen weitergegeben. Ein Geniestreich der Evolution. Und der Ameisen.

Als ich die genauen Mechanismen der Explosion verstehen wollte – ich vermutete aufgrund meiner Beobachtungen eine ätzende Wirkung des Gifts, welches womöglich aus der zerplatzen Kopfkapsel ausgetreten war –, informierte mich meine geschätzte Ameisenkollegin Dr. Alice Laciny, die die Explodierenden Ameisen im Rahmen ihrer Doktorarbeit genau studiert hatte, dass meine Überlegungen nicht zu ihren Beobachtungen und Forschungsergebnissen passten. Das bedeutete jedoch keineswegs, dass sie nicht valide sein könnten. Vielmehr bestätigte sich wieder einmal, dass es noch viel zu erforschen gab. Unser Gespräch endete mit ihren etwas frustrierten Worten: „Ich habe diese Ameisen fünf Jahre lang erforscht und eigentlich weiß ich nun nur, dass wir darüber immer noch viel zu wenig wissen!“

Das stimmt natürlich, aber dennoch wissen wir durch ihre Arbeit mehr als zuvor. Nur dadurch konnten wir das von mir Beobachtete in Kontext setzen – passt es zu dem Bekannten oder nicht? Das nächste Experiment wird gezielt auf dem Stand der Forschung aufbauen, denn genau so funktioniert Wissenschaft: *Standing on the shoulders of giants*. Wir stehen auf den Schultern von Riesen – ihnen verdanken wir unser kollektives Wissen.

Kapitel 8

Dolichoderus quadripunctatus

Ungebetene Gäste

Solenopsis molesta

Formica exsecta

Tetramorium immigrans

Crematogaster scutellaris

Polyergus ruber

Lasius flavus

Strumigenys louisianae

Manchmal ist nicht sofort klar, ob ein Organismus Freund oder Feind ist. Auf unseren Gesichtern zum Beispiel tummeln sich mikroskopisch kleine Gesichts- oder Haarbalgmilben (*Demodex folliculorum*), die sich vom Talg unserer Haarfollikel ernähren. Ob sie für uns nützlich oder schädlich sind, ist nicht vollständig geklärt. Für einen gesunden Menschen sind sie jedenfalls kein Problem – und wahrscheinlich wussten Sie bis gerade eben gar nicht, dass diese Tiere überhaupt existieren.

Auch Ameisen haben mit Gesichtsmilben zu tun. Immer wieder sehe ich ein winziges, helles Kügelchen in einer Körperfurche, meist am Kopf der Ameise. Oft bemerke ich das erst, nachdem ich sie fotografiert habe. Üblicherweise schaden die Milben den Ameisen nicht, allerdings gibt es Ausnahmen.

Die Fühlermilbe *Antennophorus grandis* hat es sich anders eingerichtet: Sie lebt als Gast im Nest der Gelben Wegameise (*Lasius flavus*). Die Ameisen schätzen den Besuch allerdings nicht, vielmehr muss dieser geduldet werden. Die Milbe ist nämlich eine gerissene Parasitin. Ihre besonders gut ausgeprägten Vorderbeine helfen ihr, ihren Platz an der Unterseite des Ameisenkopfes bequem einnehmen zu können. In dieser Position ist sie ideal platziert, wenn es zum nächsten Nahrungsaustausch kommt. Nun nascht die Milbe nämlich mit!

Als Opfer bevorzugt die Milbe junge Arbeiterinnen, da diese von ihren Schwestern besonders umsorgt und daher auch öfter gefüttert werden. Einmal angeheftet, lässt sich der unangenehme Gast nicht von der Ameise entfernen, und so muss sie widerwillig gehorchen, auch wenn ihr die Milbe durch gekonnte Stimulation befiehlt, Futter exklusiv für sie selbst aus dem Ameisenkropf herauszuwürgen. Wie unhöflich!

Da sollte sich die Fühlermilbe jedenfalls in Acht nehmen, wenn sie den Ameisenkopf doch einmal verlässt, womöglich, um sich das nächste Opfer zu suchen! Aber siehe da – auch dann wird sie von den Arbeiterinnen der Gelben Wegameise nicht angegriffen. Denn die Milbe hat verstanden, dass der richtige Duft im Reich der Ameisen die beste Strategie ist, um sich unbeschadet im Nest zu bewegen. Und so hat die clevere Milbe die Fähigkeit, den Geruch der Ameisenlarven anzunehmen oder einen Geruch für sich zu wählen, der es den Ameisen unmöglich macht, sie als Feind zu identifizieren.

Ameisenzombies

Auf die Köpfe der Ameisen haben es auch einige Buckelfliegenarten (Familie *Phoridae*) abgesehen. Die winzigen Fliegen kommen weltweit vor und finden ihre Opfer, indem sie den Gerüchen der Ameisen folgen. So machen es auch die menschenblutsaugenden Mosquitos. Wir kennen das alle: Das Tier schwirrt um den Kopf herum, startet mehrere Anflüge ins Gesicht, man schlägt wild mit den Händen um sich, aber es gibt nicht auf. Nach einiger Zeit wird man kurz unaufmerksam – und das ist sein Moment. Es lässt sich nieder und sticht zu. Der juckende Dippel folgt kurz darauf. Kein angenehmes Szenario, aber bei weitem angenehmer als das, was der Ameise blüht. Denn auch ihr kreist die Buckelfliege lästig um den Kopf herum und wartet auf den richtigen Moment.

Dann lässt sie sich nieder und legt blitzschnell ein Ei in die Kopfkapsel der Ameise. Die merkt zunächst nichts. Doch sobald eine Larve aus dem Ei schlüpft, beginnt sie sich vom Kopfinneren der Ameise zu ernähren – die Ameise wird zu einem Zombie. Nach einiger Zeit löst sich der Kopf vom Körper, und übrig bleibt eine kopflose Arbeiterin. Aus der Kopfkapsel schlüpft die junge Buckelfliege. Aber keine Sorge: Die Ameise verendet üblicherweise schon vor Abfallen des Kopfes.

Bei den Ameisen herrscht ein starker Selektionsdruck, etwas gegen die lästigen Fliegen zu unternehmen. Daher haben die Blattschneiderameisen ein besonderes Warnsystem entwickelt: Kleine Arbeiterinnen „reiten" auf den Blättern, die von größeren Arbeiterinnen ins Nest getragen werden. Ihre Aufgabe ist es, nach den gefürchteten Buckelfliegen, die die Ameisen zu Zombies machen, Ausschau zu halten und diese im Falle eines Angriffs abzuwehren.

Der Gedanke einer Zombieameise ist tatsächlich etwas angsteinflößend. Daher meide ich die folgende Geschichte üblicherweise, wenn mein Workshop-Publikum das Schulalter nicht oder gerade erst erreicht hat. Denn es gibt auch ein anderes Beispiel dafür, wie Ameisen zu Zombies werden. Aber es ist kein Stich oder Biss, der diese furchterregende Verwandlung auslöst. Verantwortlich dafür, dass von ihm befallene Ameisen ihren freien Willen verlieren, ist ein Organismus, der zu den artenreichsten auf der Erde gehört. Diese Lebewesen haben jedes Ökosystem des Planeten besiedelt – inklusive des menschlichen Körpers! – und können sogar im Weltall überleben. Sie dienen als Nahrungsmittel, Kommunikationsmedium und wichtiger Bestandteil des Stoffwechselkreislaufs der Natur. Die Rede ist von Pilzen.

Eigentlich könnten wir Pilze auch als Freunde der Ameisen betrachten. Schließlich sind sie zum Beispiel die Hauptnahrungsquelle der pilzanbauenden Ameisen. Aber wie auch für uns Menschen, kann der eine Pilz eine willkommene Begegnung beim Waldspaziergang sein, während der andere dafür verantwortlich ist, dass das zu lange stehengelassene Essen ungenießbar geworden ist. Bei mehreren Millionen Pilzarten ist eben alles dabei.

Der Zombieameisen-Pilz heißt *Ophiocordyceps unilateralis*. Aber wundern Sie sich nicht, wenn Sie noch nie etwas von dieser Artengruppe gehört haben. Obwohl der Pilz auch in unseren Wäldern vorkommt, ist er für uns weitgehend unsichtbar und harmlos. Was wir als (Speise-)Pilz erkennen, ist üblicherweise der ausgebildete Fruchtkörper, dem die Sporen und das Mycel im Lebenszyklus vorangehen. Und im Fall des Zombieameisen-Pilzes sind es die Sporen, vor denen sich die Ameisen in Acht nehmen müssen.

Attacke im Wald

Ich befinde mich mal wieder auf Ameisensuche, diesmal in den gemäßigten Laubwäldern von North Carolina in den USA. Dabei inspiziere ich neben der Unterseite von Steinen und totem Gehölz die Bäume sehr genau. Besonders grobe Rinden, wie die vieler Eichen, bieten baumbewohnenden Ameisen eine schützende, von Klüften durchzogene Landschaft.

Und tatsächlich – ich habe eine Ameise entdeckt! Und zwar an der Unterseite eines der wenigen Blätter eines jungen Wildtriebs, der direkt am Stamm austreibt. Die Ameise bewegt sich nicht. Sie hat sich direkt an der Mittelader eines Blatts festgebissen und hockt dort kopfüber und regungslos. Bei genauerer Betrachtung läuft mir ein kalter Schauer über den Rücken. Was wächst denn da aus dem Nacken der Ameise? Ein dünner Stiel, und an dessen Ende ein kugelförmiger Fruchtkörper. Eindeutig, ein Pilz!

Ich bin einer Zombieameise begegnet. Ursprünglich war es wohl eine Amerikanische Holzameise (*Camponotus americanus*), leicht am dunklen Kopf des sonst helleren Körpers zu erkennen – wir sind der begabten Ameisen-Ärztin bereits begegnet. Das Exemplar hier im Wald war dem Killer-Pilz zum Opfer gefallen. Aber wie? Ihr Nest befindet sich unweit der Stelle unter einem Totholzstück. Die Arbeiterinnen sind in der Gegend regelmäßig auf Futtersuche unterwegs. Der Pilz auch. Die Gefahr, die von dem Pilz ausgeht, lauert jedoch überall, und zwar in Form von Sporen in der Luft.

Trifft eine Pilzspore auf eine Ameise, beginnt die Zombieübernahme sofort. Der Pilz wandert ins Innere des Kopfes und übernimmt die Steuerung des Gehirns. Anstatt am Ende des Tages ins sichere Nest zurückzukehren, wandert die Ameise etwas benommen, als wäre sie leicht angetrunken – wie ein Zombie eben – in die entgegengesetzte Richtung. Nun befiehlt der Pilz der Ameise, an einer Pflanze oder einem Baum hinaufzuklettern, um sich auf die Suche nach einem passenden Ort zu begeben. Die hervorstehenden Adern an der Unterseite eines Blattes sind für den Pilz ein idealer Platz, um den nächsten grausamen Befehl zu geben: zubeißen. Und nicht mehr loslassen.

Das ist das letzte Zubeißen für die Ameise, denn in dieser Position verendet sie bald darauf. Ob sie verhungert oder verdurstet, ist nicht klar. Der Pilz hat sein Ziel erreicht. Nun kann er in Ruhe gedeihen. Nach wenigen Tagen wird ein dünner Stiel am „Nacken" der Ameise sichtbar, der über die nächsten Tage wächst und einen Fruchtkörper ausbildet. Darin bilden sich Sporen, die bald darauf ausgestoßen und vom Wind in alle Himmelsrichtungen getragen werden. Und so lauert der Pilz der nächsten Ameise auf.

Dramatische Safari vor der Haustür

Vielleicht träumen Sie manchmal davon, eine Safari zu machen. Dabei ist es oft ein Highlight, dramatische und objektiv gesehen sehr grausame Jagdszenen mit großen Raubtieren wie Löwen oder Nilpferden zu beobachten. Um solche Szenen zu erleben, ist für mich keine Reise in die Savanne nötig, denn die Safari ist direkt vor der Haustüre möglich. Statt mit Geländewagen und Fernglas, bin ich manchmal zu Fuß, manchmal mit dem Fahrrad und scharfem Blick gen Boden bewaffnet unterwegs. Die gefürchteten Raubtiere, auf deren Suche ich mich dabei begebe, sind Ameisen.

Denn dramatisch und grausam geht auch die Sklaventreiber- oder Amazonenameise (Gattung *Polyergus*) vor. Optisch lässt sich das Mitglied der Schuppenameisen-Unterfamilie leicht an den kurzen, sichelförmigen Mandibeln erkennen. Mit diesen kann sie keine Nahrung aufnehmen, allerdings eignen sich die spitz zulaufenden Beißwerkzeuge dazu, (fremde) Ameisenbrut zu tragen – und noch besser als tödliche Waffe im Nahkampf gegen andere Ameisen. Trotzdem setzt die Strategin auf intelligente chemische Kriegsführung, um Verluste zu minimieren.

Und so war ich eines Tages mitten in der Stadt mit dem Rad unterwegs, als ich plötzlich scharf bremste. Ich hatte etwas erspäht. Eine Ameisenstraße querte den Gehsteig. Die Größe und rote Färbung der Tiere passte zum Profil der Amazonenameise. Sollte ich wirklich Glück haben und Zeugin eines Naturspektakels werden?

Eine Sklaventreiberin der Art *Polyergus montivagus* mit einer „Sklavin" der Art *Formica pallidefulva*. Sklaventreiberameisen dringen in fremde Ameisennester ein, um Brut zu rauben. Die daraus geschlüpften Ameisen werden unter Zwangsherrschaft gestellt.

Ich näherte mich vorsichtig, um den Geruchspfad der Kriegerinnen nicht zu stören. Ich erblickte die markant sichelförmige Form ihrer Beißwerkzeuge prompt. Damit war meine Vermutung bestätigt. Ein Sklaventreiberraubzug! Fast jede Soldatin trug ein helles Päckchen: die geraubten Larven und Puppen der überfallenen Ameisenkolonie. Ich hatte offenbar das Ende der Kolonne erwischt, denn nach nur wenigen Minuten dünnte sich die Ameisenstraße aus und die letzten Tiere verschwanden im dichten Gras zwischen Straße und Gehsteig. Das dramatische Schauspiel war vorbei.

Sklaventreiberameisen haben ihren ganzen Lebensstil danach ausgerichtet, von anderen versorgt zu werden. Und zwar von ihren Dienerinnen oder Sklavinnen. Diese zu beschaffen ist eine Herausforderung, denn eine erwachsene Ameise lässt sich nicht einfach so unter Zwangsherrschaft stellen. Daher hat es die knapp einen Zentimeter große Amazonenameise auf die jüngsten Mitglieder einer Kolonie abgesehen. Denn ihre Identität ist noch nicht besiegelt.

Hat eine Späherin ein passendes Nest entdeckt, wird ein Trupp, der mehrere tausend Kriegerinnen umfassen kann, zusammengestellt. Die Ameisen rücken aus. Ihre Opfer sind zum Beispiel Feldameisen in der ihr nah verwandten Gattung *Formica* – tapfere Soldatinnen und Meisterinnen der Acidoporen-Kampfkunst. Gegen *Polyergus* sind sie jedoch ratlos – im wahrsten Sinne des Wortes.

Beim Antreffen der Räuberinnen im Nest scheinen die Feldameisen wie benommen und schaffen es nicht, sich zur Verteidigung zu organisieren. Denn die Sklaventreiberameisen kämpfen mit Chemie. Sie versprühen ein sogenanntes Propagandapheromon, das dazu dient, ihre Gegnerinnen zu verwirren. Aber auch die gezielten, sonst tödlichen Säurespritzer aus dem Hinterleib der Feldameisen scheinen nicht besonders effektiv, denn die Angreiferinnen sind gut gepanzert und so gegen die Ameisensäure geschützt. Ihr Ziel ist nicht die Vernichtung des Feldameisenvolkes. Ihr Ziel ist die Brutkammer, wo sie sich Larven und Puppen schnappen. Danach verlassen sie das angegriffene Nest und kehren in ihr Heimatnest zurück. Der Raubzug ist vollbracht.

Die Feldameisenkolonie wird sich trotz großer Verluste von dem grausamen Angriff erholen. So auch der Plan der Sklaventreiberinnen, denn sie werden das Nest wieder angreifen. Aber bis dahin haben sie viel zu tun, denn die chemische Manipulation geht weiter. Die geraubte Brut wird mit den arteigenen Pheromonen bedeckt, sodass die Feldameisen beim Schlüpfen davon überzeugt sind, Teil der Sklaventreiberameisenkolonie zu sein. Sie gehen allen Aufgaben nach, die in der Kolonie anfallen, wie Nesterweiterung, Instandhaltungsarbeiten, Nahrungssuche – und das Wichtigste: Sie übernehmen die Versorgung ihrer vermeintlichen Schwestern.

Die größten Feinde kommen aus den eigenen Reihen

Der größte Feind des Menschen ist wohl unumstritten der Mensch selbst. Wir bekämpfen einander seit jeher. Sei es eine kurze Auseinandersetzung zwischen zwei Menschen auf der Straße oder jahrelange Kriege zwischen Völkern unterschiedlicher Herkunft oder Kultur.

Die Diebische Zwergameise (*Solenopsis fugax*) ist mit einer Größe von nur rund zwei Millimetern eine der kleinsten Arten in Mitteleuropa. Für sie gilt jedoch: klein, aber oho! Sie gräbt sich unbemerkt zu fremden Ameisennestern durch und raubt die Brut, um sich und ihre Kolonie damit zu ernähren.

Wie die Sklaventreiberameisen bereits zeigen, sieht es bei den Ameisen ähnlich aus. Ihre größten Feinde sind sie selbst. Ob das Auseinandersetzungen zwischen Arbeiterinnen unterschiedlicher Arten sind oder ob im Kampf ums Territorium fremde Kolonien der eigenen Art angegriffen werden: Ameisen sind ein kriegerisches Volk. Das bedeutet zwar nicht, dass nicht auch friedliche Lösungen gefunden werden können, aber wenn es ums Überleben geht, dann sind Ameisen gut auf einen Kampf vorbereitet. Erbarmungslos, gerissen und manchmal sehr blutrünstig gehen sie zur Sache.

Eine besonders kämpferische Ameise ist die Gemeine Rasenameise (*Tetramorium caespitum*). Sie lebt in Kolonien von 10.000 bis 75.000 Individuen und ist ihren Artgenossinnen gegenüber äußerst aggressiv, vor allem, wenn sie es wagen, in das Territorium der eigenen Kolonie einzudringen. Dann zeigt sich ihr kriegerischer Hang und es werden unerbittliche Kämpfe entlang strenger Kampflinien ausgetragen. Es wird gestochen, gezwickt und gebissen. Rasenameisen sind gut für den Nahkampf ausgerüstet. Sie haben ein besonders hartes Außenskelett und sind somit exzellent gepanzert. Entlang der Kampflinien verenden oft tausende Soldatinnen auf beiden Seiten. Die Gewinnerinnen weiten ihr Gebiet aus, die Verliererinnen sammeln sich, erholen sich – und versuchen es ein anderes Mal wieder.

Etwas subtiler geht die Diebische Zwergameise (*Solenopsis fugax*) vor. Wie die Sklaventreiberameise hat auch sie es auf Ameisenbabys abgesehen, und auch sie ist der chemischen Manipulation fremder Ameisen mächtig. Die winzigen gelben Ameisen – sie sind mit rund zwei Millimetern eine der kleinsten Arten in Mitteleuropa – leben in Kolonien von mehreren 100.000 Individuen. Sie mag es also lebhaft – und Nachbarn mag sie auch. Daher nistet sie sich gerne in der Nähe größerer Ameisenarten ein.

Das scheint einleuchtend, denn durch ihre geringe Größe benötigt sie wenig Platz und ist vor größeren Angreifern geschützt. Aber lassen Sie sich nicht von der unscheinbaren Diebesameise täuschen! Sie hat es faustdick hinter den Ohren. Die strategisch kluge Position in Reichweite einer größeren Ameisenart ist Teil ihres Kalküls. Die Ameisenbrut einer Wegameise (Gattung *Lasius*), einer Wald-, Feld-, Sklaven- (Gattung *Formica*) oder einer Knotenameise (Gattung *Myrmica*) gilt für sie nämlich als Delikatesse. Und ihr Weg, an diese heranzukommen, ist ebenso deliziös.

Die kleine Ninja gräbt sich zum fremden Nest durch. Dort schleicht sie sich durch die Behausung auf der Suche nach der Brutkammer. Um nicht entdeckt zu werden, bedient sie sich einer chemischen Mirage: Sie gibt eine Repellentsubstanz ab, die andere Ameisen vor ihr zurückschrecken lässt, und kann so ungestört auf Beutezug gehen. Sind die saftigen Larven gefunden, werden auch diese durch die Repellentsubstanz chemisch unsichtbar für die überfallenen Ameisen, und so huscht die Diebische Zwergameise völlig unbemerkt durch den winzigen Tunnel zurück in ihr Nest und genießt ihr Mahl. Die Ameisen haben den Raub nicht einmal registriert.

Es bestätigt sich also: Wenn es gilt, eine Ameise zu täuschen, spielt der Geruch eine zentrale Rolle. Aber manchmal ist es auch nützlich, nicht nur wie eine Ameisen zu riechen, sondern auch wie eine auszusehen.

Wozu aussehen wie eine Ameise?

Ich war wieder auf Ameisensuche in Borneo. 15 Jahre intensive Arbeit mit Ameisen ermöglichen mir das Erkennen einer Ameise schon aus etwas Entfernung, und als ich in einem Waldgebiet unterwegs war, hielt ich inne. Ich hatte etwas erspäht. Es war eine Stachelige Ameise aus der Untergattung *Myrma* auf einer hüfthohen Pflanze. Meine Freude war groß, denn aus dieser Gruppe hatte ich noch keine Art fotografiert.

Ich begann die ersten Fotos zu schießen. Nach einigen Minuten machte ich eine Pause und betrachtete die Bilder. Aber irgendetwas schien mir bei genauem Hinsehen falsch. Am Bildschirm meiner digitalen Spiegelreflexkamera blickten mir zwei große Kulleraugen entgegen. Das war keine Ameise. Es war eine Springspinne! Ich war baff. Allerdings wandelte sich meine Enttäuschung über die Verwechslung rasch in Begeisterung um. Was für eine meisterhafte List!

Diese Spinne gehört zur Gattung *Myrmarachne*. Der wissenschaftliche Name verrät bereits die Zugehörigkeit: *myrma* – Ameise, *arachne* – Spinne. Ameisenspringspinnen haben sich über Millionen von Jahren und mit zunehmender Dominanz der Ameisen zu den ultimativen Trittbrettfahrerinnen entwickelt. Der sonst zweiteilige Spinnenkörper weist bei den Mitgliedern dieser Gattung eine Verengung oder Konstriktion auf. So entsteht der Anschein dreier Körperteile wie bei den Ameisen. Der achtbeinigen Spinne reichen – wie auch den Ameisen – sechs Beine zur Fortbewegung, und so verwendet sie die Vorderbeine gekonnt als Fühler. Und zwar sogar mit dem für Ameisen so markanten Knick, der genau an der richtigen Stelle sitzt. Ihr Verhalten, gepaart mit ihrem Aussehen, macht die Illusion perfekt. Mit raschen, manchmal zuckenden Schritten schreitet sie voran, haargenau wie ihr Vorbild. Und das war in diesem Fall eine Stachelige Ameise.

Ameisen haben im Vergleich zu anderen Insekten wenige Feinde. Sie lassen für Fressfeinde kulinarisch zu wünschen übrig, und auch die Suche nach schmackhaften Larven ist mühsam, da in den Ameisennestern wehrhafte Arbeiterinnen warten. Die Spinne weiß

Keine Ameise, sondern eine Springspinne (*Myrmarachne* sp.): Ihr Körper wirkt, als bestünde er aus drei Teilen wie bei den Ameisen, nicht aus zwei wie bei Spinnen, und sie verwendet ihr viertes Beinpaar, um die markant geknickten Ameisenfühler perfekt nachzuahmen.

das. Deswegen hat sie ihr Aussehen sukzessive an das der Ameise angepasst und schützt sich damit vor vielen ihrer üblichen Feinde. Das nennt man Batesianische oder Bates'sche Mimikry – eine genießbare Art kopiert das Aussehen einer ungenießbaren Art.

In Mitteleuropa haben wir übrigens auch eine Vertreterin der Ameisenspringspinnen: *Myrmarachne formicaria*. Sie ist nicht selten. Tatsächlich treffe ich sie im Sommer öfter auf meinem Balkon im 23. Wiener Gemeindebezirk. Und obwohl sie die Ameise wirklich überzeugend nachahmt, lässt sie sich bei genauer Betrachtung leicht entlarven. Das Springen kann sie nämlich doch nicht lassen.

Absurde Mimikry

Einer etwas anderen Form der Mimikry bedient sich die Fruchtfliege *Goniurellia tridens*. Anstatt die Ameise mit ihrem Körper oder ihrer Bewegung nachzuahmen, trägt sie zwei Kunstwerke der Evolution auf ihren Flügeln. Sitzt sie auf einer hellen Blüte, sieht es so aus, als würden sich eben dort zwei Ameisen befinden. Beim schnellen Hinsehen erkennt man die hell gefärbte Fliege kaum – die zwei dunklen Ameisensilhouetten stechen jedoch sofort ins Auge.

Wirklich absurd ist jedoch die Täuschung der Anomalen Buckelfliege (*Vestigipoda longiseta*). Ihr fehlen sowohl Flügel als auch Beine. Ihr Vorbild ist die Brut der Aenictus-Wanderameise, heimisch in Borneo: Sie ahmt nämlich eine Ameisenlarve nach. Kopf, Brust und Beine der Anomalen Buckelfliege sind so weit zurückgebildet, dass sie fast nur aus Hinterleib besteht – und dieser gleicht der Ameisenlarve perfekt. So kann die Fliege ungestört inmitten der Ameisenbrut leben und wird sogar von den Arbeiterinnen umsorgt.

Wieso tun die Ameisen nichts gegen die Hochstaplerin? Die Fliege verhält sich ruhig und nascht nur etwas beim Futter der Larven mit. Somit ist der Selektionsdruck bei den Ameisen, einen Erkennungs- und Abwehrmechanismus gegen die Fliege zu entwickeln, gering. Sie wird geduldet. Diese Ameisenlarvenform haben übrigens nur die Weibchen der Anomalen Buckelfliege, Männchen wurden bis dato noch nicht gefunden. Ja, es gibt noch viel zu entdecken!

Käfer sollte man nicht unterschätzen

Der winzige Keulenkäfer *Claviger testaceus* hat sich auf eine meiner heimischen Lieblingsameisen spezialisiert – und zwar auf die bereits von der Fühlermilbe gepeinigte Gelbe Wegameise (*Lasius flavus*). Für mich ist sie die Schlafmütze unter den Ameisen. Wo ihre Gattungsgenossin, die Schwarze Wegameise (*Lasius niger*), immer geschäftig und flink unterwegs ist, bleibt sie entspannt und verlässt das Nest nur, wenn es absolut sein muss.

Die flachen Erdhügelbauten der Gelben Wegameise sind Teil einer richtigen Luxusbehausung – All-you-can-eat-Buffet inbegriffen. Der Bodenteil des Nests befindet sich direkt an Pflanzenwurzeln, wo die Ameisen Wurzelläuse (Familie *Pseudococcidae*) melken und manchmal auch zur Versorgung der Brut schlachten. Dieser smarte Nestbau lädt Gäste förmlich ein! Der Keulenkäfer folgt der Einladung gerne und wird von den Ameisen in wahrer Gastfreundschaft wie eine der ihren behandelt. Die Ameisen hegen und pflegen ihn, dabei schenken sie der mit zwei Haarbüscheln besetzten Furche am Rücken des Käfers besonderes Augenmerk. Dort befinden sich Drüsen, die ein für die Ameisen betörendes Sekret absondern. Obwohl der Käfer den Ameisen äußerlich nicht stark ähnelt, hat er verstanden, dass der Weg ins „Herz“ einer Ameise nur mit dem richtigen Duft funktionieren kann.

Der Keulenkäfer hat sein Leben so sehr an das der Ameisen angepasst, dass eine selbstständige Lebensweise für ihn gar nicht mehr möglich wäre. Er ist seinen Gastwirtinnen jedoch nicht so wohlgesonnen wie sie ihm. Er frisst den ihm so treu ergebenen Larven nämlich das Futter weg, und so müssen die Arbeiterinnen doppelt so hart schuften. Wenn es für den Käfer Zeit wird, das Nest zu verlassen, bedient er sich des Privatjets, der in der All-Inclusive-Bude natürlich nicht fehlen darf. Zur Zeit des Paarungsfluges heftet sich der selbst flugunfähige Käfer an die Unterseite der geflügelten Geschlechtstiere und begleitet sie auf dem Weg zum nächsten Abenteuer. Außer etwas Mehrarbeit für Jägerinnen und Sammlerinnen und dem zusätzlichen Fluggewicht richtet der Keulenkäfer jedoch insgesamt betrachtet nicht viel Schaden in der Kolonie an.

Das verhält sich beim Glanzkäfer *Amphotis marginata* etwas anders. Dieser Käfer lauert der Glänzendschwarzen Holzameise (*Lasius fuliginosus*) nachts entlang ihrer Straßen auf, und wenn er dabei eine Ameise mit dem Kropf voller wertvollem Honigtau am Rückweg ins Nest sichtet, überfällt er diese kurzerhand. Mit einem Schlag auf den Kopf ist die Sache schnell erledigt. Ok, ganz so dramatisch ist es nicht, aber tatsächlich stoppt er die Ameise und signalisiert ihr durch Trommeln auf den Kopf, dass sie ihm, einem vermeintlichen Nestgenossen, Futter geben soll. Die Ameise bemerkt den Schwindel zunächst nicht und tut wie ihr geheißen. Das geht allerdings nicht lange so, und sobald die Ameise ihre Opferrolle bemerkt, geht sie zum Angriff über. Der Käfer hat eine schlaue Abwehrtaktik. Er kann den Angriff aussitzen. Sein stark gepanzerter Körper bietet genügend Schutz gegen die Ameisensäurespritzer; er heftet sich einfach dicht an den Boden und wartet, bis die Ameise aufgibt.

Noch brutaler gehen einige Arten der Kurzflügelkäfergattung *Pella* vor. Diese lauern den Ameisen ebenfalls nachts an den Nesteingängen auf und haben es dabei besonders auf einzelne schwache oder kranke Individuen abgesehen. Ist ein Opfer gesichtet, wird es in der Gruppe überfallen, in das Versteck der Käfer gezogen, getötet und verspeist. Bis auf den Kopf, der zu hart ist – der wird liegengelassen. Und so säumen Ameisenköpfe die Eingänge der Nester der Glänzendschwarzen Holzameise, wenn *Pella* in der Nähe weilt.

Obwohl der Käfer so auffällige Spuren hinterlässt, unternehmen die Ameisen nichts gegen ihn. Denn sie vermögen es nicht, ihn zu erkennen. Der Käfer gleicht der Glänzendschwarzen Holzameise in Größe, Färbung und Gestalt; dafür rollt er seinen Hinterleib auf, um den Ameisenhinterleib nachzuahmen. Solange er der Ameise fern genug bleibt, ist er sicher. Berührt sie ihn jedoch, ist der Schwindel sogleich aufgeflogen, denn den Geruch vermag dieser Käfer nicht zu kopieren.

Ameise oder Ameise?

2013 besuchte ich den Central European Workshop of Myrmecology in Innsbruck. Eine mehrtägige internationale Konferenz mit alleinigem Fokus auf Ameisen. Den Abschluss der Konferenz bildete eine gemeinsame Exkursion nach Südtirol. Wir kamen auf unserer Wanderung zu einem Baum, der sogleich von unzähligen spähenden Augen umzingelt war. Ich näherte mich und erkannte die Akrobatenameise *Crematogaster scutellaris*.

Sie gehört der Ameisengattung mit dem seltsam „montierten" Hinterleib an, ein Mitglied der Knotenameisen-Unterfamilie (Myrmicinae). Während ich also den Baum, um den sich die Myrmekolog*innen geschart hatten, näher betrachtete, sah ich die dichte Straße entlang des Stammes. Eine Akrobatenameisenstraße ist eine interessante Beobachtung, aber so interessant dann auch wieder nicht. Doch dann erinnerte ich mich, einmal etwas gelesen zu haben ...

Manchmal kopiert eine Ameisenart das Aussehen einer anderen. Das nennt sich Mimikry. Das Vorbild (oben): die Vierpunktameise (*Dolichoderus quadripunctatus*) mit charakteristischer Färbung – Kopf und Hinterleib sind schwarz, die Brust ist rot, am Hinterleib gibt es vier helle Punkte.
Die Nachahmerin (unten): die Stöpselkopfameise (*Colobopsis truncata*). Die allgemeine Färbung ihrer Körperteile gleicht ihrem Vorbild, auch am Hinterleib sind helle Flächen erkennbar, welche die hellen Punkte der Vierpunktameise nachahmen.

Und zwar über die Hohlrückige Holzameise (*Camponotus lateralis*). Diese ahmt die Akrobatenameise nach und läuft inmitten der Ameisenstraße zur selben Nahrungsressource, um diese auszubeuten. Nicht nur das, auch schützt sie sich so vor Fressfeinden wie der Ruineneidechse (*Podarcis siculus*), die gelernt hat, die aggressive Akrobatenameise zu meiden. Die genaue Dynamik dieser Interaktion wird gerade von meinem geschätzten Ameisenkollegen Dr. Herbert Wagner untersucht. Nach einer kurzen, aber gebannten Betrachtung des Baums in Südtirol hatten wir die Nachahmerin erspäht, wie sie etwas Abstand haltend mit den Akrobatenameisen mitlief.

Eine Ameisenstraße der Akrobatenameise *Crematogaster scutellaris* entlang eines Baumstammes. Manchmal – und mit etwas Glück – lässt sich entlang solcher Straßen ein Exemplar der Hohlrückigen Holzameise (*Camponotus lateralis*) entdecken, welche das Aussehen der Akrobatenameise nachahmt.

Ameisenmimikry unter Ameisen lässt sich übrigens auch bei einer in unseren Breiten häufigen Ameise beobachten. Die Vierpunktameise (*Dolichoderus quadripunctatus*), eine auch in der Stadt sehr oft anzutreffende Baumbewohnerin, ist leicht an den vier hellen Punkten, die ihren Hinterleib zieren, zu erkennen. Sie dient als Vorbild für die ebenfalls baumbewohnende Stöpselkopfameise (*Colobopsis truncata*), die sowohl ihre charakteristische Färbung (schwarzer Kopf, roter Brustteil, schwarzer Hinterleib) und die helle Färbung am Hinterleib übernommen hat.

Wenn es ums Überleben geht, darf auch geschummelt werden.

Kapitel 9

Ectatomma ruidum

Überlebenskünstlerinnen

Leptothorax acervorum

Eciton burchellii

Formica cinerea

Pseudomyrmex sp.

Formica archboldi

Wenn Menschen die Erde nicht dominieren würden – welches Lebewesen würde wohl diesen Platz einnehmen? Aus meiner Sicht ist die Antwort klar.

Ameisen sind auf dem gesamten Planeten verbreitet. Sie kommen in fast allen Ökosystemen vor. Die einzige Ausnahme sind sehr kalte Regionen wie die Polarkreise, Grönland und Island, denn als Kaltblüterinnen tun sich die meisten Ameisenarten unter 20 Grad Celsius schwer. Fällt die Temperatur unter zehn Grad Celsius, ist Aktivität für sie kaum noch möglich.

Als ich Island vor einigen Jahren besuchte und unserer Fremdenführerin enthusiastisch von meiner Arbeit mit Ameisen erzählte, blieb die sonst übliche Reaktion aus, die sich zwischen „Oh! Ameisen! Wirklich? Das ist ja interessant. Wie kommt man zu sowas?" und „Wie werde ich die Ameisen in meiner Küche los?" bewegt. Die Isländerin kannte Ameisen zwar, aber hatte offensichtlich keinen Bezug zu den Tieren. Ein schwer vorstellbarer Gedanke.

Es gibt also keine Ameisen auf Island. Aber stimmt das wirklich? Tatsächlich haben einige Ameisenarten selbst an Orten, wo die Außentemperatur im Sommer gerade einmal 15 Grad Celsius erreicht, einen Weg gefunden, zu überleben.

Die von Menschen geschaffene ökologische Nische

Auch in kälteren Regionen gibt es einen Platz, der immer klimatisiert ist. Er wird im Sommer nie zu heiß und im Winter nie zu kalt. Dieser Ort lässt sich überall dort finden, wo Menschen sesshaft sind: das bewohnte Haus. Eine konstant temperierte Klimainsel, die dem Temperatur-Wohlfühlfenster vieler Ameisen entspricht.

Darüber hinaus gibt es in einer menschlichen Behausung üblicherweise auch noch einen konstanten Nahrungsvorrat, den die kleinen Mitbewohnerinnen bemerkt oder unbemerkt anzapfen können. Eine ökologische Nische, von uns Menschen kreiert und von Ameisen und vielen anderen Tieren entdeckt und besiedelt, die ihre Lebensweise sukzessive daran angepasst haben. Oft, aber nicht immer, handelt es sich dabei um invasive, also eingeschleppte Arten.

Als ich gerade begann, mich in der Ameisenwelt zu orientieren, nahm ich ein Fachbuch zur Hand und studierte zunächst die Liste der in Österreich vorkommenden Ameisen. Diese war mit rund 130 Arten überschaubar. Dabei stach mir jedoch schnell ein Artname ins Auge, der mit einem Sternchen versehen war. Der Verweis bezog sich auf folgende Aussage: „kommt nur in Gebäuden vor". Das verwirrte mich zunächst, denn ich war mit dem Konzept ökologischer Nischen und Verbreitungsmuster noch nicht vertraut.

Bei der Art handelte es sich um die Pharaoameise (*Monomorium pharaonis*). Eine exotische Ameise, maximal zwei Millimeter klein und gelb gefärbt. Als ich weiter recherchierte, fand ich heraus, dass das Verbreitungsgebiet der Pharaoameise fast die gesamte Südhalbkugel der Erde umfasst und sie beinahe flächendeckend in der Nordhalbkugel als „invasiv und nur in Gebäuden vorkommend" klassifiziert ist.

Eine beeindruckende Leistung – diese Art hat somit tatsächlich fast die gesamte Welt besiedelt. Genetische Studien können mittlerweile nicht einmal mehr belegen, aus welchem Land die Art ursprünglich stammte, man vermutet aber die Tropen Asiens, von wo aus sie im 19. Jahrhundert in den Rest der Welt verschleppt wurde.

Was braucht es nun, damit eine Spezies im Grunde überall auf der Welt eine Nische findet, in der Leben für sie möglich ist? Welche evolutionären Anpassungen sind nötig, um einen solchen Grad ökologischer Dominanz zu erreichen?

Wie eine Ameise die Weltherrschaft an sich gerissen hat

Sehen wir uns dazu die Pharaoameise ein bisschen genauer an. Ich habe sie mittlerweile viele Male getroffen, sowohl in den Tropen gleich mehrerer Kontinente als auch in Österreich, wo sie, wenn sie in Gebäuden gefunden wird, meldungspflichtig ist. Das mag übertrieben klingen, es ist ja „nur“ eine Ameise. Aber diese Art kann Krankheitserreger übertragen und aufgrund ihrer Größe und Vorliebe für Gebäude ist Vorsicht an Orten wie Krankenhäusern, in denen Hygiene lebenswichtig ist, geboten.

Trotzdem mag ich die Pharaoameise und freue mich, wenn ich ihr an einem harmlosen Ort begegne. Die kleine gelbe Ameise mit zwei Petiolusknoten hat einen kantigen Kopf und einen etwas länglichen Körper, welchen sie beim Gehen nah am Boden trägt. Das Haupterkennungsmerkmal liegt an ihren Fühlern, die vorne mit einer dreigliedrigen *Fühlerkeule* ausgestattet sind. Das bedeutet, die finalen Segmente der Antennen sind länger und etwas dicker als die vorhergehenden. Wenn die Ameisen im Gänsemarsch gehen, erinnern sie mich an kleine Panzer, die sich in stetigem Gang vorwärts arbeiten – mit dem klaren Ziel, die Weltherrschaft an sich zu reißen.

Die Lebensweise der Pharaoameise ist flexibel. Sie lebt in Ameisenstaaten von einigen tausend bis einigen hunderttausend Individuen. Teil davon sind immer sehr viele Königinnen, die sich jederzeit mit einer Gruppe von Arbeiterinnen als eigenständige Kolonie abspalten oder im Alleingang eine neue gründen können – und dafür auch weite Reisen in Kauf nehmen.

Die Pharaoameise versteht es nämlich, menschliche Reisegewohnheiten für sich zu nützen wie keine andere Ameise. Ihre Nistweise ist vielfältig, oft reicht eine kleine Ritze im Gemäuer oder der Raum zwischen zwei Schichten Papier. Einmal ließ ich auf einer Forschungsreise einen Notizblock auf dem Schreibtisch liegen, und als ich ihn am nächsten Tag beschreiben wollte, war eine mehrere hundert Pharaoameisen umfassende Kolonie zwischen zwei Blättern eingezogen. Wie leicht hätte ich den Block einpacken können,

Die Pharaoameise (*Monomorium pharaonis*) hat beinahe die ganze Welt besiedelt. Ihre Lebensweise passt zu ihrem Status als invasive Art. Sie weiß die Reiselust der Menschen optimal für sich zu nutzen.

ohne ihn nochmal durchzusehen – und schon wäre die Kolonie mit mir in die USA, nach Europa oder an meine nächste Destination gereist. Ich hätte den Notizblock ausgepackt, die Kolonie wäre prompt umgesiedelt und ich hätte meine Schlepperrolle womöglich nicht einmal bemerkt.

Ihr kurzer Lebenszyklus passt zu ihrer ausgeprägten Reiselust. Eine Königin lebt ca. drei Monate, eine Arbeiterin nur drei Wochen. Ein so kurzer Lebenszyklus erlaubt eine flotte genetische Anpassung an neue Gegebenheiten. Denn in jeder neuen Generation bilden sich Mutationen im genetischen Material, die sich als vorteilhaft erweisen können und der Ameise eine rapide Anpassung an sich ändernde Umstände ermöglichen. Auch das Paarungsritual ist an die flexible Lebensweise angepasst. Einen koordinierten Hochzeitsflug gibt es bei Pharaoameisen nicht. Die Paarung findet im Heimatnest und damit unter Verwandten statt. Das limitiert zwar die genetische Diversität bei jeder Kopulation, aber bisher hat das ihrem Streben nach der Weltherrschaft noch keinen Abbruch getan. Ganz im Gegenteil.

Die Pharaoameise ist nicht die einzige Ameisenart, die es geschafft hat, Regionen, in denen sie eigentlich nicht lebensfähig wäre, zu besiedeln – in diesem Fall mit Menschenhilfe. Aber es geht auch anders.

Schiff, ahoi!

Im Wasser gibt es keine Ameisen. Oder doch? Die Tauchameise, von der wir bereits wissen, dass sie in enger Symbiose mit einer fleischfressenden Kannenpflanze lebt, ist nicht die Einzige, die mit einer „Flutungssituation" umgehen kann.

Ich war mal wieder in Borneo und für meine Doktorarbeit auf der Suche nach Schnappkieferameisen. Dieses Mal wollte ich eine ganz bestimmte Art finden: die Maritime Schnappkieferameise, *Odontomachus malignus*. Ich kannte sie bereits aus der Museumssammlung, denn sie ist im Verhältnis zu vielen anderen Schnappkieferarten sehr leicht zu identifizieren. Am hinteren Teil ihres länglichen Kopfes befinden sich zwei stumpfe Erhöhungen, und ich kann nicht anders, als diese als Hörner zu bezeichnen. Die gehörnte Schnappkieferameise?! Die Art sieht nicht nur ungewöhnlich aus, sondern bewohnt auch einen ungewöhnlichen Ort. Ihre Heimat ist die Gezeitenzone, also der Küstenbereich, der im täglichen Zyklus Ebbe und Flut ausgesetzt ist.

Um die Ameise ausfindig zu machen, besuchte ich den Nationalpark Bako, der sich in der Nähe von Kuching, der Hauptstadt des malaysischen Bundesstaates Sarawak, befindet. Als ich den Park via Boot erreichte, begrüßten mich gleich einige Nasenaffen (*Nasalis larvatus*), die auf einem Baum in der Nähe des Strandes saßen. Die seltsam aussehenden Affen mit der markant großen pinken Nase kommen nur auf Borneo vor und ich fühlte mich privilegiert, sie in ihrer natürlichen Heimat antreffen zu dürfen. Obwohl diese Begegnung sehr schön war, galt mein Interesse natürlich einem wesentlich kleineren Tier. Aber wo sollte ich anfangen?

Ich hatte nur einen Tag Zeit, um die Ameise zu finden, dann ging die Reise bereits weiter. Aber glücklicherweise hatte ich im Vorfeld einen Tipp von einem befreundeten Naturfotografen bekommen, der vor kurzem im Park gewesen war und dabei zufällig an einer Mangrovenwurzel auf die Maritime Schnappkieferameise gestoßen war. Er hatte mir die Stelle grob beschrieben, und so startete ich meine Suche entlang des Sandstrandes, der von Mangroven gesäumt war. Gen Landesinneres verdichteten sich die Mangroven zusehends und wurden von der Vegetation des Dschungels ersetzt. Aber gen Meer standen auch vereinzelte Mangroven, wo sich das Wurzelwerk von allen Seiten frei zugänglich in den Sand hineinwand. Und genau so eine Mangrove war es, bei der ich fündig wurde.

Da war sie also! Ein kleiner Kick durchzuckte mich – wie immer, wenn ich eine Schnappkieferameise sichte. Ich stellte meinen Rucksack ab und platzierte mich in unmittelbarer Nähe, um die Ameise in aller Ruhe zu beobachten. Sofort fiel mir auf, dass sich ihre Bewegungsabläufe von denen anderer Schnappkieferameisen unterschieden. Sie war irgendwie langsam, setzte einen Schritt vor den nächsten, bedacht, bewusst, aber stetig. So erschien es mir zumindest. Ich verbrachte mehrere Stunden an dem Ort und beobachtete die Ameisen wie hypnotisiert. Langsam kam auch die abendliche Flut herein und ich war gespannt, was passieren würde, wenn die Mangrovenwurzel ganz unter Wasser stand. Aufgrund meiner Beobachtungen wusste ich, dass sich der Nesteingang im Inneren der Mangrovenwurzel befand. Die darin ausgehöhlten Nestkammern schlossen etwas Luft ein und so blieben sie auch während der Flutung trocken.

Als das Wasser zu steigen begann und die Mangrovenwurzeln umspülte, bemerkte ich eine einzelne Ameise, die den Nesteingang noch nicht erreicht hatte. Mir wurde etwas mulmig zumute, als das Wasser um sie herum stieg. Aber siehe da, sie marschierte unter Wasser weiter. Und nun machte auch die bewusste Fortbewegung, die mir gleich zu Beginn aufgefallen war, Sinn – denn sie hielt sich gut am Untergrund fest und bewegte sich steten Schrittes Richtung Nesteingang, den sie unversehrt erreichte. Auch diese Beobachtung zählt zu den spannenden Observationen, die danach schreien, genauer erforscht zu werden, denn dieses Verhalten wurde bis dato in der Fachliteratur nicht dokumentiert.

Unter Wasser gibt es also in Ausnahmefällen doch Ameisen, die sich ganz speziell an diese Umgebung angepasst haben. Wie sieht es nun an der Wasseroberfläche aus? Tatsächlich lassen sich auch hier Ameisen antreffen – allerdings nur, wenn es ums Überleben der Kolonie geht.

Feuer und Wasser

Die Rote Feuerameise (*Solenopsis invicta*) kann mit Wasser gut umgehen, denn obwohl sie als invasive Art an vielen Orten der Welt vorkommt, liegt ihre Heimat in Überflutungsgebieten brasilianischer Regenwälder.

Die Feuerameise wird, wie viele invasive Arten, oft im Labor zu Forschungszwecken gehalten. Zum einen, um Experimente durchzuführen, die Aufschluss über ihre Lebensweise geben und in weiterer Folge dazu dienen, effektive Bekämpfungsstrategien zu entwickeln. (Das ist übrigens eines der wenigen Forschungsfelder der Entomologie, für das üblicherweise genügend Geld vorhanden ist.) Zum anderen, weil invasive Arten oft wenig anspruchsvoll im Labor sind – die Fähigkeit, sich an unterschiedliche Gegebenheiten anzupassen, ist Teil des Fähigkeitsarsenals einer invasiven Art, und daher sind sie für verschiedene Forschungsprojekte willkommene Kandidatinnen.

Auch Dr. Adrian Smith, mein Kollege am NC Museum of Natural Sciences, beschäftigte sich in seinem Labor mit Feuerameisen, und so kam ich öfter in den Genuss, eine Feuerameisenkolonie zu sammeln. Das Auffinden eines Nesthügels war nicht schwer, da die Art, wie bereits erwähnt, im Süden der USA sehr häufig ist. Der erste Schritt war einfach, wir schaufelten die Kolonie samt Erde in einen Eimer. Die Seiten des Eimers waren mit einer speziellen Teflonbeschichtung versehen, an der sich die Ameisen nicht festhalten können – somit war das Behältnis ausbruchsicher.

Rote Feuerameisen (*Solenopsis invicta*) bilden bei Überschwemmungen ein Floß. Dazu heften sich die Arbeiterinnen der Kolonie gekonnt aneinander und schließen Luftblasen zwischen sich ein. Diese bieten Auftrieb und sichern das Überleben der unteren „Ameisenschichten".

Nachdem das Nest in unserem Behälter war, folgte die wirkliche Challenge. Die Ameisen mussten von der Erde getrennt werden, um sie in die vorbereiteten Containerboxen umzusiedeln. Dazu gibt es eine besondere Technik, denn bei mehreren tausend Individuen wäre das einzelne Herauspicken mit einer Pinzette ein eher langwieriges Unterfangen.

Die Spezialtechnik – die wohlgemerkt nur bei dieser Art funktioniert – ist genial: Die Ameisen werden „herausgetropft". Wir stellten den Eimer unter einen Wasserhahn und drehten ihn so weit auf, dass er nur leicht tropfte. Zwei bis drei Tropfen pro Sekunde waren genug. Damit stieg der Wasserpegel im Gefäß kontinuierlich, aber sehr langsam.

Als ich nach einigen Stunden zurückkehrte, war gerade noch die Spitze des Erdhügels sichtbar. Die Ameisen hatten die gesamte Kolonie samt Brut dort hinauf gerettet. Der langsame Wasseranstieg ließ genügend Zeit für eine gründliche Evakuierung. Wieder verließ ich den Schauplatz des Geschehens, um mich anderen Aufgaben zu widmen, und als ich etwas später wiederkam, war die Extraktion vollbracht. Die Erde war nun vollständig überflutet, aber die Ameisen waren vollzählig. Sie hatten ein Rettungsfloß gebildet, worauf die gesamte Kolonie nun trieb. Das Baumaterial des Floßes bestand aus den Arbeiterinnen der Kolonie, die sich aneinandergeheftet hatten, um das Überleben ihrer Schwestern, der wertvollen Brut und natürlich der Königin zu sichern. Wir konnten die Ameisen nun einfach „abschöpfen" und so in die bereitgestellten Nestboxen umsiedeln.

Eine praktische Methode der Ameisenextraktion für Ameisenforscher*innen, aber in der Natur ist diese Strategie für die Ameisen überlebensnotwendig. In ihrer ursprünglichen Heimat sind Überflutungen keine Seltenheit. Für den Regenwald Brasiliens sind die starken Regenfälle Teil des ökologischen Gleichgewichts und seine Bewohner*innen sind entsprechend daran angepasst. Daher haben die Feuerameisen das physikalisch ausgeklügelte Floß entwickelt.

Die untere Schicht des Floßes besteht aus einem mehrschichten „Ameisengewebe", ähnlich einem Stoffgewebe mit wasserabweisenden Eigenschaften. Bis zu 40 % der Ameisenkolonie verhakt und verbeißt sich hierfür ineinander. Die Tiere schließen unter und zwischen sich Luftblasen ein, die das Gewebe nicht nur abdichten und dem Floß Auftrieb verschaffen, sondern den untergetauchten Ameisen der tieferen Schichten Atmung und somit das Überleben sichern. Gibt es doch mal einen Unglücksfall, springen sofort andere Arbeiterinnen ein, um die undichte Stelle zu kitten.

So entsteht ein sich selbst zusammenbauendes, selbstregulierendes und selbstreparierendes Rettungsfloß, auf dem tausende bis Millionen von Passagierinnen Platz haben. Ein Wunderwerk der Ingenieurskunst, dessen Technik wir noch nicht für unsere Zwecke zu nützen vermögen. Aber die IT- und Robotik-Forschung arbeitet auf Hochtouren daran, das Vorbild der Feuerameisen zu entschlüsseln. Der Fokus liegt dabei darauf, Roboter zu entwickeln, die sich, den Ameisen gleich, selbstständig miteinander verbinden können, um zum Beispiel brückenartige Strukturen zu bauen.

Die Ameisenkolonie kann übrigens monatelang als Floß verharren und im Wasser treiben, bis wieder trockenes Festland erreicht wird. Erst dann heißt es „Alle aussteigen!" und an die Arbeit! Es wird ein neues Nest gegraben, um Königin und Brut zu schützen. Die Ameisen sind in Sicherheit – zumindest so lange, bis die nächsten Regenfälle eintreffen und das Rettungsfloß von Neuem mobilisiert wird.

Das Ameisen-Floß können Sie übrigens auch hierzulande beobachten. Die Pelzige Sklavenameise (*Formica selysi*) bildet ebenfalls ein Rettungsfloß bei Überschwemmungen, denn sie nistet gerne in den Flussauen der Alpen und Pyrenäen. Das Besondere: Waren die Ameisen einmal als lebendes Floß unterwegs, erinnern sie sich an ihre Stelle darin und nehmen diese beim nächsten Zusammenschluss wieder ein. Schließlich haben sie an der Position bereits Erfahrung gesammelt.

So ist es auch bei den Feuerameisen, welche im Fokus vieler Forschungsprojekte stehen. Eine hautnahe Begegnung mit einem Feuerameisenfloß vor Ort würde ich dennoch nicht empfehlen. Die Ameisen sind in der Floß-Phase besonders aggressiv, und sollte nichtsahnenden Schwimmenden so eine Ameisenmatte entgegendriften, möchte ich mir das Ergebnis eher nicht ausmalen ...

Die Welt der Feuerameisen birgt noch weitere wundersame Aspekte. Zum Beispiel fanden Physiker*innen heraus, dass die aneinandergehefteten Ameisen sowohl Eigenschaften eines Festkörpers als auch einer Flüssigkeit besitzen, die die Flexibilität des Ameisenfloßes mitbedingen.

Ein einfaches Experiment, das ich gerne bei Museumsveranstaltungen in North Carolina zur Schau stellte, zeigt dies eindrucksvoll. Formt man einige Ameisen zu einem Ball – dies wohlgemerkt nur mit eingepuderten Handschuhen, so dass sich die Ameisen nicht festhalten können –, verhält sich dieser wie ein Festkörper, er hält zusammen. Auf leichten Druck gibt er zwar nach, aber er springt sogleich wieder in die ursprüngliche Form zurück. Nimmt man den Ameisenball nun und platziert ihn in einen Trichter, „fließen" die Ameisen hindurch, teilweise einzeln, teilweise in „Tropfen", eine Eigenschaft, die normalerweise einer Flüssigkeit vorbehalten ist. In Floßform gibt das den Ameisen zusätzliche Flexibilität, die Form kann dynamisch umkonfiguriert und angepasst werden.

Feuerameisen haben also das eigentlich für sie tödliche Wasser bezwungen. Ebenso gibt es Ameisen, die der für sie normalerweise tödlichen Kälte trotzen – und zwar ganz ohne dabei auf Menschennähe zu setzen.

Der Kälte trotzen

In unseren Breiten gibt es gleich zwei Ameisenarten, die sich an das Leben in kalten Gebieten angepasst haben. Die Alpine Rasenameise (*Tetramorium alpestre*) lässt sich unter 900 Höhenmetern nicht antreffen und hat den subalpinen Raum Europas (bis ca. 2.000 Meter) großteils besiedelt. Konkurrenz durch andere Ameisenarten hat sie dort wenig. Die Alpine Rasenameise hat ihr *Genom*, also ihren gesamten genetischen Code, an die kühlen Gegebenheiten angepasst. Gene, die nicht (mehr) benötigt werden – zum Beispiel ein Gen, das ein Protein für Hitzeschutz hervorbringt –, werden „abgedreht". Dafür werden Gene, die mit Kälteschutz zu tun haben, entsprechend modifiziert. Diese Erkenntnisse entstammen dem Forschungslabor meiner ersten Ameisenkontakte, dem Ameisenforschungspaar Dr. Birgit Schlick-Steiner und Dr. Florian Steiner. Sie haben mich damals an das Naturhistorische Museum weitervermittelt.

Die Häufige Schmalbrustameise (*Leptothorax acervorum*) wiederum hat ein sehr weites Verbreitungsgebiet, das von unseren Breiten bis in die kältesten nördlichen Regionen reicht. Man findet Kolonien am Nordkap Norwegens, dem nördlichsten Punkt Alaskas und der Tundra Ost- und Nordsibiriens. Die Schmalbrustameise hält den Kälterekord unter den Ameisen. Ihre Nester befinden sich in Zweigen und gefallenen Früchten, und im Gegensatz zu vielen anderen Ameisenarten zieht sie sich zur Überwinterung nicht in den Boden zurück, sondern bleibt in ihrem Nest. Damit ist sie wesentlich kälteren Temperaturen ausgesetzt und hat sich entsprechend angepasst. Ihr Unterkühlungspunkt, der Punkt, an dem der sichere Tod eintritt, liegt bei minus 40 Grad Celsius. Die kälteste Temperatur, die ich jemals aushalten musste, lag bei minus 20 Grad Celsius während eines Blizzards in Illinois, USA, und da hatte ich das Gefühl, mein Gesicht würde mir gleich abfallen, es war unerträglich.

Ameisen überleben also entgegen vielen Annahmen auch in frostigen Regionen und dem offenen Wasser, wenn es sein muss. So wie ich die kleinen Tierchen kenne, arbeiten sie wahrscheinlich schon daran, dass das nicht nur die Ausnahme bleibt. Geben wir ihnen noch ein paar weitere Millionen Jahre und sie werden auch diese Lebensräume permanent besiedeln. Für die Natur wäre das durchaus positiv – denn Ameisen sind ein unverzichtbarer Teil des globalen Ökosystems.

Kapitel 10

Formica cinerea

Die ökologische Rolle der Ameise

Messor wasmanni

Anoplolepis gracilipes

Ponera coarctata

Monomorium minimum

Aphaenogaster lamellidens

Würden wir es merken, wenn Ameisen von heute auf morgen von der Erde verschwinden würden? Der Ameisenbär würde es merken. Der hätte ein Problem. Die Blattläuse würden es wahrscheinlich merken. Es wäre plötzlich niemand mehr da, der sie melkt, umsorgt und vor ihren Feinden wie den Marienkäfern verteidigt. Und viele Pflanzen würden es definitiv merken. Eine Partnerin im Kampf gegen Fressfeinde, eine Samen-Verbreiterin und eine wichtige Bestäuberin wären plötzlich weg. Die Qualität des Bodens würde sich ebenfalls merklich verringern. Und außerdem würde damit auch eine Nahrungsquelle für einige Tiere wegfallen.

Ameisen arbeiten oft still im Hintergrund. Wir bemerken sie meist nur, wenn sie in unsere Sphäre eindringen und wir sie als Belästigung empfinden. Aber Ameisen übernehmen viele wichtige Aufgaben in den Ökosystemen, in denen sie vorkommen – und das sind, wie wir bereits wissen, viele Ökosysteme und viele verschiedene ökologische Nischen, die sie besiedeln.

Unverzichtbare Helferinnen im Wald

Waldameisen werden in unseren Breiten auch als „Polizei des Waldes" bezeichnet. Sie patrouillieren im Schatten der Bäume, und wenn sie auf einen Tierkadaver stoßen, wird dieser je nach Größe auseinandergenommen oder im Ganzen abtransportiert. So bleibt der Waldboden immer sauber. Aber auch lebende Tiere werden erbeutet. Dazu gehören oft Forstschädlinge wie die Kohlweißlingsraupe, verschiedene Käferlarven und Schneckeneier. Daher sollte ein durch Schadinsekten gefährdetes Waldgebiet möglichst viele Waldameisenhügel umfassen.

Zusätzlich liefern die Waldameisen (*Formica-rufa*-Artengruppe) dem Boden durch den Nestbau gleich mehrere Dienstleistungen. Nährstoffe werden über weitläufige Gebiete verteilt, denn die Futtersuche der Ameisen kann sich auf eine Entfernung von bis zu 150 Metern ausdehnen. Da wird schon einiges herumgetragen und geht womöglich auch mal unterwegs verloren. Der unterirdische Teil der Nestanlage selbst reicht weit in den Boden, dabei werden sowohl Nährstoffe in den Boden gebracht als auch eine Durchlüftung des Bodens sichergestellt. All diese Leistungen werden natürlich auch von anderen Ameisenarten erbracht, die ihr Nest im Boden bauen, wie zum Beispiel von der Schwarzen Wegameise (*Lasius niger*) oder der Rotrückigen Sklavenameise (*Formica cunicularia*). Wüstenameisen (Gattung *Cataglyphis*) graben umfangreiche Tunnelsysteme, die den Boden nicht nur umschichten und durchlüften, sondern auch für eine bessere Wasseraufnahme und -verteilung in den trockenen Gebieten, die sie bewohnen, sorgen.

Viele Ameisen gehen Interaktionen mit anderen Organismen ein, sowohl mit Pflanzen, die ihnen oft einen Nistplatz zur Verfügung stellen, als auch mit Tieren. Zum Beispiel besteht zwischen den Arten einer ganzen Schmetterlingsfamilie, der Bläulinge (*Lycanidae*), eine intime Beziehung mit Ameisen. Die Raupen entwickeln sich in Ameisennestern und sondern den für die Ameisen so wertvollen Honigtau ab. Im Gegenzug ernähren sich die Raupen auch von der Ameisenbrut. Eine Symbiose, in der beide Seiten einen Nutzen haben, jedoch beide Zugeständnisse machen müssen. Ohne Ameisen hätten die Ameisenbläulinge jedenfalls ein Problem. Aber was genau passieren würde, darüber können wir nur spekulieren. Womöglich würden die Schmetterlinge aussterben. Womöglich würden sie sich an eine andere Lebensweise anpassen. Die Natur ist immer im Fluss und lernt, mit neuen Gegebenheiten umzugehen. Die Geschwindigkeit dieser Veränderungen ist jedoch wesentlich, denn es braucht üblicherweise viele Generationen, damit sich evolutionäre Anpassungen in einer Population etablieren können. Leider beschleunigt unser Umgang mit der Erde die Veränderungen der natürlichen Bedingungen in einem Tempo, bei dem die rettenden Mechanismen der Evolution oft nicht mitkommen.

Eine Waldameise aus der *Formica rufa*-Artengruppe auf ihrem Nesthügel. Waldameisen liefern dem Waldboden durch ihren Nestbau und ihre Tätigkeiten zahlreiche wichtige Dienste.

Interaktionen zwischen Ameisen und Pflanzen gehen weit über das Angebot eines Nistplatzes hinaus. Ameisen helfen Pflanzen zum Beispiel dabei, ihre Samen zu verbreiten. Das ist eine ausgeklügelte Symbiose. Einige Pflanzen produzieren Samen mit einem kleinen „Ameisen-Snack“, einem speziell angehängten und für die Ameisen sehr schmackhaften Ölkörperchen, dem sogenannten *Elaiosom*. Die Ameisen sammeln die Samen und tragen sie in ihr Nest, wo das leckere Elaiosom vom Samen getrennt und verspeist wird. Der Samen sprießt, nachdem er als „Müll“ in den Außenbereich des Nests gebracht wird. Genau das, was die Pflanze erreichen wollte. Zu den Pflanzen, die diesen Weg der Samenverbreitung gewählt haben, gehören auch einige heimische Vertreterinnen, darunter das bekannte Schneeglöckchen (*Galanthus nivalis*) und einige Veilchenarten (Gattung *Viola*).

Samenspezialistinnen

Wenn es um Ameisen und Samen geht, dürfen natürlich die Ernteameisen nicht unerwähnt bleiben. Dazu gehört die bei uns heimische Gattung *Messor* und die amerikanische Gattung *Pogonomyrmex*. Sie brauchen keinen zusätzlichen Lockstoff, denn die Samen selbst stehen auf ihrer Speisekarte. Wer schon einmal in südlichen europäischen Ländern wie Italien, Kroatien oder Spanien auf Urlaub war, dem sind womöglich die eindrucksvollen Ameisenstraßen der bis zu 1 cm großen Ameisen aufgefallen, entlang derer Samen verschiedenster Form von den Ameisen ins Nest getragen werden.

Die erste „exotische" Ameise, der ich als Myrmekologin begegnet bin, war übrigens eine Ernteameise. Am Weg nach Guatemala hatte ich einen Zwischenstopp in Mexiko City gemacht, wo ich die Sonnen- und Mondpyramide im unweit entfernten Teotihuacan besichtigte. Viel spannender als die eindrucksvollen Pyramiden waren für mich die riesigen Ameisennester einer mysteriösen, stattlichen roten Ameise. Die Nester bestanden aus einem Loch in der Erde, um das sich ein konzentrischer Erdaushub von ein bis zwei Metern Durchmesser befand. Im Umkreis marschierten die Tierchen mit dem markanten „Bart" an der Unterseite des Kopfes, Samen tragend. Es waren Ernteameisen der Gattung *Pogonomyrmex*. Das Haarbüschel, die *Psammophore*, ist das Merkmal, an dem man die Gattung erkennt. Sie dient den Ameisen als zusätzliche Traghilfe für Erdpartikel oder kleine Samen. Trotzdem gehen beim Transport auch Samen verloren, was natürlich ganz im Sinne der Pflanzen ist.

Und schließlich sind Ameisen auch wichtige Pflanzenbestäuberinnen. Diesen Aspekt formuliere ich in meinen Workshops gerne als Frage: Bestäuben Ameisen Pflanzen? Meist antwortet der Großteil meines Publikums mit Nein, worauf ich gleich die Frage hintanstelle: Wer bestäubt dann Pflanzen? Na, Bienen.

Obwohl viele Bienenarten die Bestäubung von Pflanzen perfektioniert haben, denken Sie – so wie auch mein Workshop-Publikum – vielleicht zunächst an die Honigbiene (*Apis melifera*), die in ihrem hoch entwickelten sozialen Verhalten viel mit den Ameisen

Eine Sklavenameise (*Formica* sp.) auf einer Blüte: Am Körper der Ameise klebt überall Blütenstaub. So geht sie weiter zur nächsten Blüte und bestäubt damit die Pflanze.

gemeinsam hat. In einem wichtigen Aspekt unterscheidet sie sich jedoch: Im Gegensatz zur Ameise ist die Honigbiene kein Wildtier.

Die Honigbiene ist ein vom Menschen domestiziertes Tier, ein Nutztier vergleichbar mit Kuh, Schaf und Ziege, die von uns gehalten wird, um den von ihr produzierten Honig zu ernten. Und daraus ergibt sich gleich der nächste eklatante Unterschied zu den Ameisen: Während Honigbienen als Nutztiere vom Menschen gehalten werden, halten Ameisen ihre eigenen Nutztiere.

Aufgrund ihrer menschennahen, prominenten Stellung wurde die Honigbiene über viele Jahre zum Aushängeschild aller Insekten. Das ist inzwischen ein Problem, da die domestizierte Honigbiene herzlich wenig mit Artenvielfalt in der freien Wildbahn zu tun hat – und teilweise sogar schon eine ernstzunehmende Konkurrenz heimischer Wildbienenarten geworden ist. Um diese Ansicht zu korrigieren, starteten über das letzte Jahrzehnt viele Werbekampagnen, die die beachtliche Diversität der allein in Deutschland rund 600 Wildbienenarten in den Fokus rückten. Das ist natürlich sehr positiv, aber trotzdem bleiben unzählige Insektengruppen weiter im Schatten der Aufmerksamkeit – und damit auch ihre wichtigen Umweltdienste.

Ich lade Sie also dazu ein, die Blüten in ihrer Umgebung einmal genauer zu beobachten. Sie werden darauf Ameisen vorfinden, die auf der Suche nach leckerem Pollen und Nektar sind – und somit Bestäubungstätigkeiten ausüben. Dokumentiert sind 70 Ameisenarten, die 41 Pflanzenarten bestäuben. Darunter befinden sich einige Arten, die wir bereits kennengelernt haben, wie die Dunkle Drüsenameise (*Tapinoma erraticum*), die hartgesottene Schmalbrustameise (*Leptothorax acervorum*) und unsere „Standardameise“, die Schwarze Wegameise (*Lasius niger*). Selbst die Pharaoameise (*Monomorium pharaonis*) leistet Bestäubungsarbeit! Unter den Nutznießerinnen befinden sich viele Orchideen (Familie Orchidaceae), Wolfsmilchgewächse (Familie Euphorbiaceae), Zistrosenwürgergewächse (Familie Cytinaceae), und Doldenblütler (Familie Apiaceae), aber auch schmackhafte Kulturpflanzen: der Buchweizen und die Kakaopflanze. Sie haben richtig gelesen – Ameisen sind mitverantwortlich dafür, dass wir Schokolade genießen können.

Neben Ameisen werden Sie auch viele andere Blütenbesucher vorfinden, deren Rolle in dieser Domäne gerne von uns übersehen wird. Käfer, Wanzen, Schmetterlinge, Wespen, Spinnen und viele weitere, denn fast jedes Tier, das Blüten aufsucht, bestäubt dabei auch die Pflanze. Viele dieser Interaktionen gilt es noch zu erforschen. Hoffentlich schaffen wir das auch, solange die Tiere noch da sind.

Verschwinden Ameisen also von heute auf morgen einfach von dieser Welt, kann ich Ihnen eines versichern: Wir würden es merken.

Aber was, wenn wir die Frage umdrehen – würden die Ameisen es merken, wenn wir Menschen plötzlich von heute auf morgen von der Erde verschwinden würden? (Ich darf die Antwort darauf vorwegnehmen. Eine Handvoll Ameisenarten wäre wahrscheinlich etwas enttäuscht. Der Rest würde ein Fest feiern.)

Wiegen alle Ameisen so viel wie alle Menschen?

Mit zunehmender Bevölkerung der Erde und gleichzeitig fehlendem (oder ignoriertem) Verständnis der Natur navigieren wir uns in eine gefährliche Situation. Unsere Praktiken schaden nicht nur den großen, sondern besonders auch den kleinsten Wesen des Planeten. Ihre Vielfalt dezimiert sich – teilweise ohne je bekannt gewesen zu sein –, und wir merken es kaum. Und dennoch ist das Insektensterben ein großes und immens wichtiges Thema unserer Zeit. Pro Jahr verschwindet knapp 1 % aller Insekten. Wir können damit rechnen, dass sich die Biomasse der Insekten im Laufe der kommenden 30 Jahre um ein Viertel reduzieren wird. Zu diesem Ergebnis kam eine Zusammenfassung von 166 Einzelstudien an 1.676 Standorten in 41 Ländern.

Und wie sieht es mit der Biomasse der Ameisen aus? Bevor wir Daten zu ihrem Rückgang vorweisen können, sollten wir erst einmal den Ausgangspunkt definieren. Denn dazu gibt es eine interessante Überlegung: Könnte die Biomasse aller Ameisen eventuell der Biomasse aller Menschen auf der Erde entsprechen?

Diese Überlegung kursierte viele Jahre auf Basis einer Hochrechnung in dem Pulitzer-prämierten Buch *The Ants* von Bert Hölldobler und Edward O. Wilson. Unter Myrmekolog*innen war sie immer heiß diskutiert, da ihr keine wissenschaftliche Studie zugrunde lag. Gleichzeitig traute sich niemand, dieses sehr herausfordernde Projekt in Angriff zu nehmen. Zumindest bis 2022, als Patrick Schultheiss und Co-Autor*innen eine umfangreiche Literaturrecherche durchführten, um endlich die wissenschaftliche Basis der Biomasse-Frage zu schaffen.

Sie berücksichtigten dabei 489 Studien, die die Grundlage ihrer aktuellen Schätzung von 20 Billiarden Ameisen weltweit bilden. Somit übersteigt die trockene Biomasse der Ameisen, die zwölf Megatonnen Kohlenstoff ausmacht, die aller Vögel und Säugetiere und macht 20 % der menschlichen Biomasse aus. Das ist – obwohl etwas weniger als aufgrund der ursprünglichen

Hochrechnung erwartet – eine beachtliche Zahl. Immerhin kommen damit auf jeden Menschen 2,5 Millionen Ameisen. Würde also jede einzelne Ameise ein Votum besitzen, wären wir überstimmt.

Trotzdem geben die errechneten Zahlen einiges zu bedenken. Unser Wissen über Ameisen und damit auch die vorhandenen Studien sind, besonders in schwer zugänglichen Lebensräumen, limitiert. Dazu gehören Lebensräume tief in der Erde – vor kurzem wurde zum Beispiel eine neue Ameisenart beschrieben, die bei einer Kernbohrung in 25 Metern Tiefe gesammelt wurde! – oder in und auf Bäumen, vor allem in tropischen Regionen. Diese Orte sind aus logistischer Sicht schwer zu erforschen, vor allem, wenn es darum geht, nicht nur Biodiversität, sondern auch Biomasse adäquat zu dokumentieren. Zusätzlich gilt es zu bedenken, dass viele geografische Regionen der Erde, zum Beispiel aufgrund politischer Unruhen, für Forscher*innen schwer zugänglich sind und daher nicht entsprechend berücksichtigt werden können. Die Bildungsinfrastruktur ärmerer Länder und Regionen führt ebenfalls dazu, dass an diesen Orten meist weniger – und vor allem kaum geldintensive – Forschung stattfindet.

Klar ist aufgrund der Studie, dass es *jedenfalls* 20 Billiarden Ameisen auf der Welt gibt. Diese Zahl versteht sich als konservative Schätzung, und wir können davon ausgehen, dass die wahre Zahl weit darüber liegt. Das sage ich mit Zuversicht, da unser Verständnis dessen, was wir nicht wissen, meist leichter auszudrücken ist, als dessen, was wir wissen. Aber auch wenn wir vieles noch nicht verstehen, ist jeder noch so kleine Schritt wichtig, denn letztendlich ist es unser angehäuftes Wissen, das uns dabei hilft, unsere Umwelt zu begreifen – und zu bewahren.

Man schützt nur, was man kennt

Das Anthropozän bezeichnet das Zeitalter des Menschen, in dem wir uns aktuell befinden. Der Mensch ist die dominante Spezies auf der Erde und verändert das Weltbild entsprechend. Unsere Transport- und Baupraktiken und besonders die intensive Industrialisierung der Landwirtschaft hinterlassen eine einseitig belastete Umwelt. Manche Tiere – darunter auch einige Ameisen, wie wir gleich sehen werden – können zwar auch in diesen extremen Bedingungen gut überleben, aber es sind meist nur wenige, die gelernt haben, sich zu spezialisieren. Dadurch reduziert sich die Artenvielfalt in von uns manipulierten Gebieten massiv.

Die genauen Dynamiken dieser negativen Entwicklungen aufzuzeigen, ist Aufgabe der Wissenschaft. Leider sind Forschungsgelder für Wissenschaftler*innen oft nur verfügbar, wenn wir einen wirtschaftlichen Nutzen der Forschungsergebnisse im Vorfeld nachweisen können oder zumindest eine fundierte Spekulation diesbezüglich anstellen können. Welche Vorteile ergeben sich für den Menschen aus dieser Forschung? Das ist eine Frage, die wir in der einen oder anderen Form in jedem Forschungsantrag beantworten müssen.

Daraus ergibt sich der Teufelskreis, in dem wir uns aktuell befinden. Denn nur was erforscht wurde, kann geschützt werden – schließlich sieht unsere (wirtschaftlich bedingte) Bürokratie eine umfangreiche Analyse und Erklärung vor, bevor ein Organismus unter Schutz gestellt wird, da dies üblicherweise wirtschaftlichen Interessen entgegensteht.

Das Resultat: Manche Arten können nicht unter Schutz gestellt werden, weil unzureichende Daten über ihre Lebensweise und ihr Verbreitungsgebiet vorhanden sind. Diese Situation trifft zum Beispiel in Österreich auf 17 der 136 freilebenden Ameisenarten zu. Aber auch sonst ist die Gesamtlage für Ameisen nicht besonders gut: In Deutschland sind von den 108 Ameisen, die vom Rote-Liste-Zentrum bewertet wurden, mehr als die Hälfte bestandsgefährdet. Gerade einmal 26 % der heimischen Arten gelten als ungefährdet. In der Schweiz sind vom Bundesamt für Umwelt 132 heimische Ameisenarten erfasst, von diesen sind 46 Arten gefährdet. Und in Österreich sind 35 Arten vom Aussterben bedroht – bei 15 davon ist die Lage kritisch. Weitere 28 Arten sind gefährdet, so das Umweltbundesamt.

Was wir tun können

Wie können wir die Tiere in unserer Umgebung unterstützen? Grundsätzlich gilt: Je komplexer ein Lebensraum, desto gesünder ist dieser, und das ist auch für Ameisen und Insekten gut. Schließlich war es die Ausbreitung der blühenden Pflanzen, die vor ca. 100 Millionen Jahren eine Komplexität erzeugte, die es den Ameisen erlaubte, die Artenvielfalt hervorzubringen, die sich nun im Angesicht der Monokulturen und Betonpaläste wieder reduziert. Daher: Wollen Sie den kleinsten Tieren unseres Planeten etwas Gutes tun, stellen Sie ihnen eine möglichst große Pflanzenvielfalt in Ihrem Garten oder auf Ihrem Balkon zur Verfügung – und ja, das bedeutet wahrscheinlich ein Überdenken der Klassifikation bestimmter Pflanzen als Unkraut und der Ameise als Schädling. Geben Sie heimischen Pflanzen den Vorzug. Sie werden sehen, dass sich an ihnen eine größere Vielfalt der heimischen Insekten finden wird, welche diese Pflanzen schon lange kennen und über Jahrtausende Interaktionen mit ihnen aufgebaut haben.

Nach welchen Kriterien klassifizieren wir einen Schädling, zum Beispiel im Garten? Oft umfasst ein „gepflegter" Garten einen möglichst einfärbigen Rasen, designierte Plätze für ein ausgewähltes Arrangement an Pflanzen und schließlich das eine oder andere Gemüsebeet. Als Schädling wird nun alles klassifiziert, was dieses Bild stört. Mindestens genauso oft, wie ich gefragt werde, wie man die Ameisen in der Küche loswird, werde ich gefragt, wie man die Ameisen im Garten loswird. Während ich ersteres noch gut verstehen kann, muss ich gestehen, dass zweiteres ein etwas mulmiges Gefühl in mir auslöst, denn *gehören* die Ameisen nicht in den Garten?! Natürlich tun sie das. Aber nicht alle, die wir inzwischen in unseren Grünanlagen, auf Terrassen oder sogar in unseren Häusern vorfinden, waren hier schon immer heimisch.

Die Feuerameise und die Pharaoameise haben wir ja bereits kennengelernt. Beide gelten als invasive Arten. Eine invasive Art ist eine Art, die in ein Gebiet vorgedrungen ist, wo sie ursprünglich nicht vorkommt. Heimisch ist eine Art dort, wo sie schon lange lebt und ihren Platz in der Nahrungskette okkupiert. Im heimischen Ökosystem hat sie nachhaltige Nahrungsressourcen und natürliche Feinde. Sie lebt als Teil einer Artengemeinschaft.

Wird die Art nun an einen neuen Ort verschleppt – dies geschieht meistens entlang unserer Transportrouten –, beginnt sie sich mit den neuen Gegebenheiten zurechtzufinden. Sie sucht nach neuen Nahrungsressourcen und Nestmöglichkeiten, die sie für sich nützen kann. Gelingt ihr das, geschieht das meist zum Leidwesen der vorhandenen Artengemeinschaft, da die beanspruchten Ressourcen nun fehlen. Es finden direkte und indirekte Auseinandersetzungen mit der heimischen Bewohnerschaft statt, die oft dazu führen, dass die invasive Art eine dominante Rolle im Ökosystem einnimmt. Das bedeutet, sie ist maßgeblich an den Interaktionen beteiligt und übt signifikanten Einfluss auf Struktur und Funktionsweise des Biotops aus.

Als ich 2019 gerade wieder nach Österreich zurückgekehrt war, besuchte ich die Universität Lausanne in der Schweiz, um dort einen Vortrag zum Thema Ameisen und meiner Arbeit in der Wissenschaftsvermittlung zu halten. Bei meinen an den Vortrag anschließenden Unterhaltungen mit den wissenschaftlichen Mitarbeiter*innen des Ameisenlabors vor Ort stand eine Ameisenart im Mittelpunkt: die Große Drüsenameise (*Tapinoma magnum*). Sie war erst vor kurzem erstmals in der Schweiz dokumentiert worden und gab Anlass zur Sorge. In ihrer ursprünglichen Heimat, dem mediterranen Raum, bevorzugt sie bereits offene, von Menschen gestörte Gebiete und zeigt sich dort besonders widerstandsfähig.

Die Große Drüsenameise (*Tapinoma magnum*) gilt als invasive Art – und sie bildet Superkolonien.

Eine Möglichkeit, ihr Territorium großflächig auszubreiten, fand die Große Drüsenameise schließlich in Topfpflanzen, die sich in Gärtnereien befanden. Auch der Klimawandel spielt der aus wärmeren Gebieten stammenden Ameise in die Karten, obwohl sie durchaus auch eine Kälteresistenz aufweist. Ein Universalgenie – wie viele invasive Arten. Und einige, darunter auch die Große Drüsenameise, haben noch ein weiteres Ass im Ärmel: Sie bilden Superkolonien.

Ameisen und Inseln

Ich bin unterwegs nach Äthiopien. Als Doktoratsstudentin bin ich Teil eines Forschungsteams mit der Aufgabe, die Biodiversität der sogenannten „Church Forests", einigen der letzten Waldflecken im weitgehend gerodeten Hochland Äthiopiens, zu untersuchen. Mein Fokus gilt – wenig überraschend – den Ameisen, und ich habe Unterstützung: Dr. Mark Moffett, ein erfahrener Myrmekologe und Fotograf, ist ebenfalls mit von der Partie. Er ist der Urheber des Fotos der Tauchameise, das einige Jahre zuvor meine Aufmerksamkeit in der Mailänder Fußgängerzone auf sich gezogen hatte. Was für eine Ehre! Wir verstanden uns sofort blendend und ich erzählte ihm vom Fokus meiner Doktorarbeit: Ameisen und Inseln.

Jeder der Waldflecken in unserem Gebiet umschließt eine christlich-orthodoxe Rundkirche, manche davon stammen aus dem vierten Jahrhundert. Das Gebiet bestand einst aus dichtem Wald mit fruchtbarem Boden. Als sich jedoch zu Beginn des 20. Jahrhunderts die Bevölkerung Äthiopiens im Laufe der nächsten 100 Jahre vervierfachte, wurden Waldgebiete großräumig zu Agrarland umgewidmet. Übrig blieben die Kirchen und etwas Wald in unmittelbarer Nähe. Die Priester der Kirchen wurden die Hüter der heiligen Wälder und taten ihr Bestes, diese möglichst intakt zu halten. Das gelang allerdings nicht allen, und betrachtet man die dunklen Waldflecken von oben, erkennt man die Ausbreitung des umliegenden Ackerlandes, das scharf in so manche Waldinsel hineinschneidet und eine unförmige Kontur hinterlassen hat.

Mark Moffett und Magdalena Sorger in Äthiopien entlang der Straße zwischen den Kirchenwäldern, wo sie die Graue Lepisiota-Ameise suchten, sammelten und Agressions-Experimente machten.

Die „Church Forests“ sind jeweils einige Kilometer voneinander entfernt und ich hatte mir ein maßgeschneidertes Forschungsprojekt überlegt, bei dem ich die Zusammensetzung der Ameisenpopulationen innerhalb und zwischen den Kirchenwäldern beschreiben würde. Ich war froh, in Mark einen erfahrenen Ameisenforscher an meiner Seite zu haben.

Als wir den ersten Wald betraten, bemerkten wir sofort etwas Ungewöhnliches. Die erwartete große Artenvielfalt blieb aus. Stattdessen trafen wir auf eine Ameisenart – und zwar überall, wo wir hinsahen. Eine kleine, schwarze, eher unscheinbare Ameise schien hier ganze Wälder zu dominieren, denn auch im nächsten Wald fanden wir eine ähnliche Situation vor. Ebenso außerhalb der Wälder, entlang der Straße, beim Hotel in der nächstgelegenen Stadt – ja, praktisch überall war die kleine schwarze Ameise vorhanden, und zwar immer in großer Zahl.

Mark war sofort hellhörig geworden, denn er sah Parallelen zur Argentinischen Ameise, und das war alarmierend. Die Argentinische Ameise (*Linepithema humile*) ist eine weltweit invasive Art, die enorme ökonomische und ökologische Schäden verursacht.

Neue Superkolonien

Dass die Kolonien mancher Ameisen mehrere Neststandorte umfassen können, wissen Sie ja bereits. Aber es gibt Extremfälle, in denen diese Nester besonders vielzählig sind und weite Gebiete umfassen. Die Ameisen solcher Arten sind Generalistinnen, wenn es um den Neststandort und die Ernährung geht. Die Königinnen sind jederzeit bereit, mit einer Gruppe von Arbeiterinnen neue Gebiete zu erobern und die Art ist ökologisch dominant. Die Kolonie wird zur *Superkolonie*. Und die Argentinische Ameise hat dieses Phänomen auf die Spitze getrieben: Eine ihrer Superkolonien zieht sich entlang der gesamten Küste Kaliforniens. Man kann also eine einzelne Ameise in San Francisco aufklauben, mit ihr hinunter nach San Diego fahren, sie dort freilassen und sie wird sich ohne Kampf unter den dort vorkommenden Argentinischen Ameisen einfügen, denn obwohl sie nun fast 800 Kilometer von ihrem ursprünglichen Standort entfernt ist, ist sie immer noch zu Hause. Die Superkolonie ist ihre Heimatkolonie. Die größte Superkolonie der Argentinischen Ameise befindet sich in Europa. Sie reicht entlang der Küste Portugals über Spanien und Frankreich bis nach Italien und umfasst ca. 6.000 Kilometer. Wenn Sie also das nächste Mal in diesen Gebieten unterwegs sind, halten sie Ausschau nach der Rekordhalterin – und vergessen Sie nicht, Sie erkennen sie am scharfen Geruch!

Superkolonien, wohlgemerkt in kleineren Dimensionen, werden von einigen invasiven Ameisenarten gebildet, darunter auch von der eindrucksvollen Roten Feuerameise und der gewitzten Pharaoameise. Allen gemein ist, dass sie verheerende Schäden anrichten, besonders indem sie die heimische Artenvielfalt dezimieren. Und genau dieser Gedanke war durch Marks Kopfs geschossen, als wir die kleinen schwarzen Ameisen dabei beobachteten, wie sie den wenigen anderen Ameisenarten, denen wir begegnet waren, mit großer Aggressivität begegneten.

Wir machten uns an die Arbeit, um unsere Beobachtungen und Vermutungen zu bestätigen – oder zu verwerfen. Zunächst wollten wir herausfinden, wie groß die Kolonien der dominanten Damen tatsächlich waren. Dazu testeten wir die Aggression zwischen Individuen unterschiedlicher Standorte. Gehörten sie zu einer Kolonie, würden wir keine aggressiven Gesten wie geöffnete Mandibeln oder einen zur Sprühattacke gehobenen Hinterleib sehen. Die Ameise, bei der es sich um die Graue Lepisiota-Ameise (*Lepisiota canescens*) handelte, gehört nämlich der Ameisensäure sprühenden Schuppenameisen-Unterfamilie an.

Das Experiment war einfach in der Umsetzung. Wir sammelten Ameisen an einer Stelle, fuhren zur nächsten und ließen die Ameisen entlang einer ihrer Ameisenstraßen hinaus und beobachteten die Reaktion. Wir wiederholten das Experiment so lange, bis sich ein Muster zu erkennen gab: Wir hatten in unserem Gebiet drei Superkolonien gefunden. Eine davon erstreckte sich über stattliche 38 Kilometer.

Unsere Verhaltensexperimente waren allerdings nur ein Teil des Forschungsprojekts, denn sobald ich zurück in North Carolina war, verwendete ich die in Äthiopien gesammelten Exemplare, um diese auch genetisch zu untersuchen. Wir wollten wissen, ob es sich bei den äthiopischen Ameisen um eine invasive Art handeln könnte und ob sie uns Einblicke in die genetische Basis dieser Superkolonien-formierenden Ameisen geben konnte.

Invasive Arten weisen üblicherweise eine geringe genetische Vielfalt auf. Das liegt am „genetischen Flaschenhals" („genetic bottleneck"), da üblicherweise nur wenige Individuen verschleppt werden und somit alle Ameisen am neuen Ort von den „Erstbesiedlerinnen" abstammen. Die Ergebnisse waren verblüffend. Die Art zeigte die genetische Signatur einer heimischen Art. In dem rund 60 Kilometer umfassenden Gebiet fand ich acht verschiedene Varianten des untersuchten Gens. Bei einer invasiven Art hätte ich maximal ein bis zwei erwartet.

Meine Forschungsergebnisse waren unvermutet und bedeutend. Eine heimische Ameise mit genetisch vielfältigen Superkolonien und invasiven Verhaltenstendenzen ist eine gefährliche Kombination. Wir können über die Mechanismen, die zu dieser Situation geführt haben, nur spekulieren, aber die Ameise scheint sich entlang

Die Graue Lepisiota-Ameise (*Lepisiota canescens*) greift eine Holzameise (*Camponotus* sp.) im Zhara Church Forest nahe der äthiopischen Stadt Bahir Dar an.

von Gebieten auszubreiten, die durch den Menschen empfindlich gestört wurden – im Inneren der größeren, intakten Wälder fanden wir sie nämlich nicht. Ebenso können wir die bereits erfolgten Auswirkungen auf die lokale Ameisenfauna nur vermuten, aber es liegt nahe, dass sich diese nicht positiv gestalten.

Womöglich werden wir in Zukunft noch mehr von der Grauen Lepisiota-Ameise hören – hoffentlich nicht, weil sie in unsere Breiten verschleppt wurde. Leider ist das kein unwahrscheinliches Szenario, da viele invasive Arten vom zunehmenden internationalen Handel unserer immer stärker globalisierten Welt profitieren.

Klimawandel verändert auch die Ameisen

Das Klima ändert sich. Und damit ändern sich auch die Gegebenheiten der Umwelt. Etliche ökologische Nischen schließen sich, viele neue gehen auf – vor allem aber werden die Nischen geografisch durchmischt. Und die großen Profiteure dieser Durchmischung sind die meist sehr anpassungsfähigen invasiven Arten, die sich entlang unserer Verkehrswege ausbreiten. Viele eingeschleppte

Ameisen stammen aus warmen Gebieten, und daher spielt die Klimaerwärmung ihnen natürlich zusätzlich in die Hand.

Seit 1930 haben eingeschleppte Ameisen – darunter auch die Rote Feuerameise und die Pharaoameise – weltweit geschätzte zehn Milliarden Euro Schaden verursacht. Das ist eine konservative Schätzung, da aus vielen Gebieten keine Daten vorhanden sind. Die invasiven Arten haben weitreichende Auswirkungen auf das ökologische Gleichgewicht, welche sich durch die Nahrungskette ziehen und selbst Wirbeltiere wie Vögel, Reptilien, Amphibien und Säugetiere beeinträchtigen. Weitere Schäden betreffen menschliche Vermögenswerte und auch den Menschen selbst. Ernteverluste, Reparaturkosten für infrastrukturelle Schäden, Kosten für medizinische Versorgung reihen sich an Schädlingsbekämpfungskosten und Kosten der Vorsorgemaßnahmen, um möglichen Invasionen entgegenzuwirken. Die Argentinische Ameise allein ist weltweit für einen Schaden in Höhe von knapp 18 Millionen Euro verantwortlich. Die Rote Feuerameise hat uns bereits über drei Milliarden Euro gekostet. Sie ist übrigens vor kurzem in Sizilien gelandet und wird nun vermutlich ihren Marsch nordwärts antreten. Womöglich werden auch bis dato nur auf Gebäude beschränkte Ameisen den Weg hinaus wagen und dort eine gefährliche Konkurrenz für heimische Arten darstellen.

Aber auch das Verhalten einzelner Ameisenarten wird durch das Klima beeinflusst. Die kälteangepasste Alpine Rasenameise zum Beispiel wird durch Klimaeffekte wie höhere Temperaturen und mehr Stickstoff im Boden aggressiver. Das bedeutet, die Ameisen kämpfen härter um Ressourcen und verteidigen diese auch stärker. Das mag nicht folgenschwer erscheinen, aber der zusätzliche Energieaufwand ist eigentlich nicht nötig, kostet Kraft und Zeit, die anderswo fehlt. Und zwar in ihrer Arbeit als Ökosystemdienstleiterinnen.

Und diese Arbeit ist wichtig. Ameisen sorgen dafür, dass unsere Umwelt gesund bleibt. Sie verteilen Nährstoffe, lockern den Boden, gehen wichtige Interaktionen mit Tieren und Pflanzen ein und dienen auch selbst als Nahrungsquelle. Ohne sie wäre die Natur, die uns umgibt und die auch für uns Grundlage des Lebens ist, nicht mehr dieselbe. Kurzum: Wir brauchen Ameisen!

Kapitel 11

Lasius niger

Wir stehen am Anfang

Dolichoderus attelaboides

Tapinoma sp.

Liometopum microcephalum

Lasius flavus

Lasius flavus

Monomorium floricola

Paratrechina longicornis

Bei meinem allerersten Besuch im Naturhistorischen Museum erzählte mir Herbert Zettel von den *Myrmecologischen Nachrichten* – einer Fachzeitschrift, die ausschließlich Artikel zum Thema Ameisen publiziert und an deren Herausgabe er maßgeblich beteiligt war. Meine erste Frage lautete: Was verdient man denn mit so einer Zeitschrift? Herbert sah mich entgeistert an und lachte.

Ich hatte keine Ahnung vom wissenschaftlichen Publikationsprozess. Ich wusste nicht, dass man als Autorin *zahlen* musste, um publizieren zu dürfen. Ich wusste nicht, dass kleine Fachzeitschriften meist ehrenamtlich geführt wurden und andere Zeitschriften großen Medien-Konglomeraten gehörten. Und ich wusste keinesfalls, dass man als Autorin nach der Veröffentlichung manchmal nicht einmal Zugang zu seiner eigenen Arbeit hat, da einzelne Artikel oft hinter einer Paywall stecken.

Dieses System ist wirtschaftlich gesehen völlig absurd, aber Wissenschaftler*innen sind darauf angewiesen, auf diese Art und Weise zu publizieren. Alternativen gibt es kaum. Wissenschaft und Wirtschaft sind zwei Bereiche, die schwer vereinbare Ziele verfolgen. Dennoch gilt: Ohne Wirtschaft kein Geld. Ohne Geld keine Forschung.

Und hier war ich nun. Eine Wirtschaftsabsolventin, die sich anschickte, in die Welt der Naturwissenschaften einzutreten. Zu dieser Zeit fragten mich viele meiner Bekannten: Oh, du interessierst dich für Ameisen? Da gibt es sicher interessante Parallelen zur Wirtschaft. Wirst du dich damit beschäftigen?

Die Antwort war ein klares Nein. In dem Moment, als meine Liebe zu Ameisen entfachte, erlosch gleichzeitig mein bis dahin stark wirtschaftlich orientiertes Denken. Geld war mir plötzlich nicht mehr besonders wichtig. Natürlich brauchte ich genug, um leben zu können. Aber das luxuriöse Leben mit Porsche und Lamborghini, das ich mir während meines Wirtschaftsstudiums so oft ausgemalt hatte, interessierte mich nicht mehr.

Ich wollte in den Dschungel. Und ich wollte eine Schnappkieferameise treffen.

Genau das passierte auch. Der Weg dorthin war nicht einfach, aber ich arbeitete mit Überzeugung und Leidenschaft darauf hin. Ich wollte mein Leben der Natur und den Ameisen widmen. Ich beobachtete, ich forschte, ich entschlüsselte. Und mir wurde dabei immer klarer, wie viel wir von der Natur und ganz besonders von den Ameisen lernen konnten.

You're a scientist now

Als ich mein Doktorat an der NC State University gerade gestartet hatte, kämpfte ich oft mit Selbstzweifeln. Ich fühlte mich nicht wie eine „echte" Naturwissenschaftlerin, ich war ja „nur" Quereinsteigerin aus der Wirtschaft. Oft saß ich im Büro meines Betreuers und „Doktorvaters" Rob Dunn, während er sich meine Fragen, Überlegungen und Denkprozesse geduldig anhörte, mich beriet und unterstützte.

Eines Tages kam dann der Moment, als Rob mich ansah und sagte: „Du hast es jetzt geschafft. Du bist eine Wissenschaftlerin. Alles, was dir jetzt noch an Wissen aus der Biologie fehlt, kannst du, wie auch der Rest von uns, in Büchern und anderen Publikationen nachlesen. Du bist in der Naturwissenschaft angelangt." Das war ein denkwürdiger Moment. Und ich glaube, ich weiß, was diesen Moment getriggert hat. Denn als Wissenschaftlerin verstand ich damals zum ersten Mal, was wir eigentlich tun.

Die wahre Lehre war nämlich die folgende: Ich weiß, dass ich eigentlich gar nichts weiß. Aber ich weiß nun, was es zu wissen *gäbe*. Das kann ich mittlerweile mit vollster Überzeugung sagen. Denn ja, ich weiß viel über Ameisen, wahrscheinlich mehr als der Durchschnittsmensch. Und ja, ich habe viele Aspekte aus der Welt der Ameisen entdeckt, dokumentiert und damit geholfen, unser Wissen über diese Tiere zu erweitern. Aber trotz all meiner Beobachtungen und Studien war in jedem Forschungsprojekt klar, wie viele weitere Details und Aspekte es noch zu erforschen *gäbe*.

Tatsache ist: Jedes Mal, wenn ich eine Ameise beobachte, glaube ich zu wissen, was mich erwartet. Und jedes Mal überraschen mich die kleinen Tierchen mit einem unvorhersehbaren Verhalten, einer kuriosen Fähigkeit oder einem extravaganten Aussehen. Sie trommeln, sie springen, sie gründen Superkolonien und verteidigen sich mit Widerhaken. Jeder Aspekt der 15.000 benannten Ameisenarten lädt dazu ein, erforscht zu werden. Und auch die unbenannten und noch unbekannten Ameisenarten warten darauf, dass wir ihnen ihre Geheimnisse entlocken.

Unsere Welt steckt voller Mysterien, und die Welt der Ameisen und Insekten eröffnet einen Zugang zu einer meist verborgenen Welt, die aber für alle mit einem geschärften Blick zugänglich ist.

Also lassen Sie uns hinausgehen und die Welt der Ameisen beobachten. Den Dschungel unter den Grashalmen, die Klüfte der Baumrinde und die verborgenen Höhlen unter dem Stein. Und wenn Sie etwas sehen, das seltsam oder ungewöhnlich erscheint, dann erzählen Sie mir davon – und behalten Sie immer den Gedanken im Hinterkopf, dass Sie die erste Person sein könnten, die diese Beobachtung gerade gemacht hat.

Was Menschen über Ameisen wissen wollen

Es dauerte über zehn Jahre, bis sich der Kreis zur Wirtschaftswelt zu schließen begann. Ich kehrte aus den USA nach Österreich – an den Ort, wo alles begonnen hatte – zurück. Ich war endlich bereit, mich der angewandten Seite zuzuwenden. Ich gründete mein Unternehmen Discover Ants (*discoverants.com*), um die Antwort auf die folgende Frage in die Welt hinauszutragen: *Was können wir von und mit Ameisen lernen?*

Unsere Welt steckt voller Mysterien, und die Welt der Ameisen und Insekten eröffnet einen Zugang zu einer meist verborgenen Welt, die aber für alle mit einem geschärften Blick zugänglich ist.

Nun halte ich im Rahmen meines Unternehmens Vorträge und interaktive Workshops über Ameisen und Insekten für unterschiedliche Zielgruppen – von Schulklassen und Lehrkräften über Fachpersonal mit Biologiewissen und Naturinteressierte ohne Biologiewissen bis hin zu Führungskräften und Teams in unternehmerischen Organisationen. Die Inhalte und meine Vermittlung richten sich nach dem Publikum. Aber die Reaktionen gestalten sich meist ähnlich. Ob klein oder groß, die Teilnehmenden sind erstaunt, fasziniert und neugierig. Niemand vermutet, dass die Welt der Ameisen solche Dimensionen eröffnet. Kinder verlassen meine Workshops als Mini-Wissenschaftler*innen. Erwachsene tragen einen Entdeckungstrieb in ihren Augen, den sie bis dahin so gut wie vergessen hatten. Menschen aus der Geschäftswelt werden nachdenklich. Eine Mitarbeiterin eines Versicherungsunternehmens kam nach einem Vortrag zu mir und meinte: „Jetzt verstehe ich, warum *jede* Aufgabe wichtig ist, auch die, die sonst niemand machen möchte."

Oft höre ich von Menschen, denen ich im Rahmen eines Workshops oder bei einem Glas Wein von Ameisen erzählt habe: „Immer wenn ich eine Ameise sehe, denke ich an dich." Das freut mich unheimlich. Und zwar nicht, weil die Person an *mich* denkt – sondern weil sie die Ameise *sieht*.

Denn genau das ist meine Mission. Ich wünsche mir, dass wir Ameisen – und mit ihnen alle Insekten – sehen und wahrnehmen. Dass wir sie bemerken und beobachten und uns für sie interessieren. Dass wir erkennen, welche Aufgaben sie in unserer Umwelt erfüllen und welche Lebensweisen sie führen. Und dass wir schließlich auch registrieren, wenn etwas nicht stimmt, wenn ihre Vielfalt zurückgeht und sich ihre Verhaltensweisen verändern. Vielleicht erreichen wir sogar den Punkt, an dem wir diese wunderbaren Tiere auf Augenhöhe wahrnehmen und als gleichwertige Lebewesen auf diesem Planeten betrachten.

Ganze Wirtschafts- und Industriezweige interessieren sich für Ameisen – und das sollten sie auch. Zum Beispiel liefern Ameisen angewandtes Wissen für die Logistik, Chemie, Robotik, Materialwissenschaft und ganz besonders für die Medizin. Des Weiteren erlangen wir neue Erkenntnisse aus dem Verhalten und den sozialen Strukturen der Ameisen. Und doch stehen wir erst am Anfang des Bemühens, all das aufzuschlüsseln. Ameisen waren lange vor uns da und werden wahrscheinlich noch lange da sein, wenn es uns nicht mehr gibt. Sie sind die geheimen Herrscherinnen dieser Welt.

Danksagung

Ich möchte mich auf diesem Weg ganz besonders bei meinen Mentoren bedanken, die mich auf meinem unkonventionellen Weg aus der Wirtschaft in die Biologie zu einem Zeitpunkt unterstützt haben, als ich nichts als meine Leidenschaft für Ameisen vorzuweisen hatte.

Chris R. Smith hatte die verrückte Idee, dass ich einen PhD in den USA machen sollte, und half mir, sie auch zu verwirklichen.

Herbert Zettel brachte mir die Grundlagen der Ameisen bei und führte mich in die wissenschaftliche Arbeit als Taxonomin ein.

Martin Pfeiffer gab mir meinen ersten Ameisenjob und ermöglichte meine erste Reise nach Borneo.

Und natürlich ist da Rob Dunn, mein PhD-Betreuer in den USA, der mir die Chance gab, meinen Traum, Ameisen zum Mittelpunkt meines Lebens zu machen, zu verwirklichen.

Ein Buch zu schreiben ist kein minderes Unterfangen – und ganz nach dem Vorbild der Ameisen habe ich dieses Projekt auch nicht ganz alleine bewältigt. Ich wurde gut versorgt – und vor allem gefüttert! ;-)

Danke, Mario Salmhofer. Danke, Stefan Sorger. Danke, Barbara Sorger.

Einen besonderen Dank auch an meinen Verlag für das Interesse am Thema Ameisen und vor allem an Judith Innerhofer, die mich für das Projekt an Bord geholt hat. Und an Steffi Jaksch – eine Meisterin der Worte und die beste Lektorin der Welt!

Und danke an meine ganze Kolonie – meine Familie, meine Freund*innen, meine Kolleg*innen. Ihr wisst, wer ihr seid.

Bildnachweis

Magdalena Sorger: S. 6 (5), 7, 10 (2), 14, 17 (6), 18, 23, 24 (3), 28, 33, 38, 40 (5), 41, 43, 46, 49, 51, 55, 57 (5), 58, 66, 69, 75, 78 (5), 79 (2), 82, 84, 92 (5), 93 (2), 95, 103, 104 (6), 105, 108, 109, 114, 118, 120 (6), 121 (2), 126, 128, 131, 135 (2), 136, 137 (5), 138, 141, 150 (5), 151, 155, 161, 166, 168 (5), 169 (2).
© eye of science / Science Photo Library / picturedesk.com: S. 106.
Axel – stock.adobe.com: S. 153.
Christian Schön: S. 14.
CStock – stock.adobe.com: S. 145.
Jnakev – stock.adobe.com: S. 99.
Matthew Jellings: S. 163.
Lauren Nichols: S. 172, hintere Einschlagklappe.
ratpack223 – istockphoto.com: S. 175, Vorder- und Rückseite. Schutzumschlag, Vorsatz.
Rupendra143 – stock.adobe.co: S. 89.
Sean.hoyland (https://commons.wikimedia.org/wiki/File:Nest construction by Oecophylla smaragdina workers, Thailand.jpg) S. 64.
silukstockimages – stock.adobe.com: S. 55.
Olga – stock.adobe.com: S. 66.
Wolfgang Thaler: S. 77.

Liebe Leser*innen,

bleiben wir in Verbindung!

Wir freuen uns auf Ihre Anregungen, Kritik und Wünsche.
leserbrief@brandstaetterverlag.com

Christian Brandstätter Verlag GmbH & Co KG
Wickenburggasse 26, 1080 Wien
Tel: +43 1 512154320

Viele weitere Leseinspirationen und Geschenkideen finden Sie unter **www.brandstaetterverlag.com**

1. Auflage, 2024

ISBN: 978-3-7106-0803-2

Covergestaltung: Burkhard Finken / finken & bumiller
Grafik: Caroline Plank-Bachselten / buero blank
Lektorat: Stefanie Jaksch
Projektleitung: Judith E. Innerhofer

Papier: Salzer EOS 1,5-fach (FSC®- und PEFC-zertifiziert)
Druck: Neografia, Martin-Priekopa (SK)

Wir tragen Verantwortung
Aus diesem Grund haben wir uns auf den Weg gemacht, um unseren Einfluss auf das Klima und auf den Planeten zu minimieren. Anstelle von Kompensationszahlungen, und über die üblichen Umweltlabel hinausgehend, haben wir uns das Ziel gesteckt, den CO_2-Ausstoß auf allen Ebenen signifikant zu verringern – entlang der gesamten Wertschöpfungskette von der Idee bis zum Buch in Ihren Händen. Mehr Informationen finden Sie unter
www.brandstaetterverlag.com/nachhaltigkeit